U0145421

政治哲學、基督宗教與現代生活

梁瑞祥　著

五南圖書出版股份有限公司

序

　　士林哲學（Scholastic Philosophy）是眾多受到基督信仰影響的哲學學說中，最具有代表性的哲學體系，其最明顯的特色就在於實在論（Realism）的基本立場。這個擁有悠久歷史的哲學傳統，從形上學（Metaphysics）探討「存有」（being）開始，到知識論（Epistemology）探究如何對「存有」的特性「眞」（true）產生認識，再到倫理學研究「存有」之「善」的特性，環扣嚴密的研究進路，將哲學研究中最基本學科整合於一個結構完整的理論中，對人類的文明發展產生了重大的影響，而且這個影響仍然在持續發展中。

　　只要對西方的文明發展稍有涉獵就自然能夠理解，無論贊成還是反對，都不可能忽視基督信仰至今對人類文明與科學發展的重大影響。同樣從文明發展的角度審視當代士林哲學，不可迴避的事實是，由於近代科學發展，尤其是二十世紀之後，許許多多的科學新發現，都對堅持實在論傳統的士林哲學產生了巨大的挑戰，也使過去許多視之爲眞的基本命題都面臨了必須更新以迎接挑戰的處境，這種情況正如二十世紀新士林哲學代表人物馬里旦（J. Maritain）著名的作品《挑戰與更新》（*Change and Renew*）的書名一樣[1]。

　　筆者長期思考的重點一直聚焦在「士林哲學的實在論傳統如何能繼續對人類文明發展做出貢獻？」這個重要問題。經過多年的思索之後，筆者認爲想要回答這個問題，必須進行兩個層次密不可分的工作：第一層著重於重新審視士林哲學基本命題的當代意義；第二層則應著重於回應當代人類社會發展所面臨的新問題，包括各式新型態的社會問題與日新月異的科

1　Maritain, J.(1968). edited by Evans J. W. and. Ward L. R. *Challenges and Renewals*, USA: University of Notre Dame Press.

學發現，提出對人類社會未來發展有所助益的學說。這兩個層次的思考工作，與傳統強調形上學的本體論進路，到知識論探求真理的進路，再到倫理學處理道德問題的進路，沒有實質上的分別，只有強調著重點的差異。而在研究程序上，則著重給予人類社會發展進程中當下所面臨的挑戰積極的回應，並對於採取不同立場的學說持續溝通對話。

由於個人的研究專長與現階段研究興趣，本書中我主要進行的是第一層關於基本命題重新審視的工作，對於第二層的工作，則著重於說明士林哲學傳統理論對處理當代新型態社會問題的價值。

在寫作上，本書將以政治哲學研究的基本觀念闡述做為主軸，釐清那些被視為理所當然，但事實上含有重大認知差距的觀念。在對思想學說的掌握上，將盡量聚焦於「原典」（Classics）。所謂「原典」，是指哲學家最具代表性的原著，這些作品經過時間考驗，對人類文明展影響深遠，針對原典「文本」（text）的研究，是提升思考能力最重要的方法，因此本書中對所提及的思想家所身處的時代脈絡僅進行簡短的介紹，不針對其生活背景、思想淵源與演變做過多的說明。

以下對本書章節略做說明：在導論中將進行基本觀念的澄清，扼要的指出在今日中文世界裡對基督宗教哲學與士林哲學所必須有的認識，並說明本書中所處理的政治哲學的基本意涵。

在第二章至第四章中將闡明發展政治哲學的重要基本觀念。

在第五章中將對士林哲學基本命題重新審視，以便於在之後第六至八章針對士林哲學發展中最重要的三位哲學家亞里斯多德、奧古斯丁、多瑪斯的政治哲學主張做深入探討，而為求論述之思想脈絡清晰，在這一章中我也將以歷史性回顧的方式勾勒其他對士林哲學發展有著重要影響的哲學家之基本主張。

在第九章中我將藉由當代士林哲學代表人物，馬里旦的政治哲學主張，說明士林哲學如何面對當代政治哲學議題，同時說明士林哲學的當代價值。

梁瑞祥

目錄

第一章　導論

第一節　思考的起點

經過了這些年的教學與研究，經驗積累告訴我，在語詞的使用上產生的混淆，有時候，甚至可以說是經常，會造成原本所想討論的問題從一開始就很難有任何收穫。即便不是激烈爭辯（以現階段學術研究風氣而言，此極為罕見），也是在耗費了大量的時間與精力之後，發現仍然停留在一開始因為對於使用語詞沒有共識所產生的不良結果。

因此，我認為就本人研究專業領域，對於所涉及的關鍵詞彙稍做釐清實有其必要。雖然這與我所相信的研究精神：盡量使用簡單清楚語言專注於所研究的問題，並將語言學與史學的研究考證交給專業的學者，似乎有所違背，但由於所討論的問題與接下來的研究密切相關，甚至可以說本身也是一個重要哲學問題，因此在此稍做說明。

由於本文的主題是在討論基督哲學這個詞的中文翻譯在教育及推廣上所產生的相關問題，為求盡量不再因語詞的使用產生混淆造成困擾，在此先說明本人的哲學研究基本立場，以免在論述開展後又需要重新界定基本詞彙。對我來說，哲學是一種科學，是一種以嚴肅而謹慎態度進行的研究工作；做為科學，哲學是種「普遍的科學」（a universal science）與「根本的科學」（a radical science）。「普遍的科學」是指哲學研究與知識、價值、人和語言等全部有關，而其處理的對象與其他科學的對象相同，但研究方法和觀點不同。哲學研究不排斥任何領域，並且利用任何有益的方法解決問題。而「根本的科學」是指哲學研究探討界線和基礎問題，也就是事物的最根本原理，而這些基本主張是我所理解的士林哲學（Scholastic Philosophy）的基本立場，我認為哲學立場的選擇是研究哲學的起點，也是研究歷程的決定點，因此我做出自我立場的界定。

一、Christian Philosophy的中文翻譯問題

　　以英文爲例，Christian在語法界定上相當清晰，若涉及語意，則需考究相關的文脈與歷史，其實也不難釐清；但是涉及語用，則是另一個問題。因爲其牽涉了語言使用者的理解與意識認識，混淆與誤解造成所應討論的問題一無所獲的情況不斷持續上演。在此我先以英文對語法進行界定。[1]

Christian

noun

　　a person who believes in the teachings of Jesus Christ / a person who is a member of a Christ church

　　adjective-believing in or belonging to any of the various branches of Christianity

　　一般譯爲「基督徒」，有時特指「天主教徒」，然經過中文翻譯後又有新問題發生，類似：「天主教徒」是不是「基督徒」？

Christianity

noun

　　the religion based on the life and teachings of Christ

　　譯爲「基督宗教」，有時譯爲「基督的教義」，有時特指「天主教教義」，經過中文翻譯後又有新問題發生，類似：「天主教教義」

1　本文所參照的英文字辭解是根據 Longman Dictionary of Contemporary English Online。

是不是「基督教教義」？

Catholic

adjective

connected with a church which claim to be the historical descendant of the early Christian Church,esp. The Roman Church.

noun

Roman Catholic

譯爲「天主教」

Catholicism

譯爲「天主教教義」

Protestant

noun

of any of branches of the part of the Christian Church that separated from the Roman Church in the 16th century.

譯爲「新教」，現通譯「基督教」

在中世紀，新教（現通譯「基督教」）尚未出現時，當時的基督教就是天主教。基於史實，此敘述應毫無爭議，經過中文翻譯後產生的語言問題：「天主教」是不是「基督教」，在尚未涉及Christian Philosophy前，就已經在中文語言溝通上耗費了精力，更別說Christian Philosophy本身就是一個極其複雜的概念。「Christian

Philosophy」按項退結編譯《西洋哲學辭典》中譯爲「基督徒哲學」[2]，依據在中世紀新教尚未出現的史實原則，將「基督宗教哲學」譯爲「天主教哲學」也應是理所當然，但是語辭翻譯涉及的語用問題，又在Christian Philosophy這個複雜的概念中增加了複雜性，尤其是與臺灣本土信仰新教的學者溝通時，這個問題更是顯而易見。

　　依筆者看來，現階段在學術研究工作上使用的語言，必須要看語言的溝通功能，也就是除了「語法」（syntactic）和「語意」（semantic）之外，必須特別著重「語用」（pragmatic）的思考，因爲當代的學術研究工作必須是集體運作的，這意味著必須和許多人共同合作以交流知識；要進行知識交流則須著重語言的使用，語詞陳述清楚與否常常關係著研究工作能否有所成。

　　所謂「語法」、「語意」和「語用」的區分，是在說明，當人向另一個人「說」（說的方式可以是口頭言說，也可以是紙筆陳述）某事時，所使用的語言，在那一瞬間同時涉及三種不同的面向：1.語詞必然屬於特定語言體系，與體系內其他的語詞具有一定關聯，是爲「語法」；2.所說語言必然有某種「意義」，透過語言使用傳達給接受者，此爲「語意」；3.語言是由某人向另一人所說，語言和使用者的關係是爲「語用」。三種關係相互關聯，就像幾何的三次元間的聯繫，能夠抽象的把語法和語意自語言中分離，也可以只分離出語法。關於當代記號學的基本知識，應當是今日有志從事學術研究工作者的基本認識，在此筆者就不再贅述。[3]

　　基督宗教哲學發展在新教尚未出現之前早已發展成熟並達到高

2　項退結編譯（1988）。《西洋哲學辭典》（pp. 116-117）。臺北：華香園出版社。

3　Bochenski J.M.(1968), *The Methods of Contemporary Thought*, (pp. 65-90) NY: Harper & Row. 記號學主要觀念的陳述可供參照。

峰，而且切合於基督宗教信仰的最根本精神，實在不應由於語詞之爭
議或混淆而將之棄而不顧，因此在哲學論上使用「士林哲學」來說明
植基於基督信仰的「基督宗教哲學」（或許仍會有許多語言使用問
題），應當比使用「天主教」哲學容易與其他基督教派的學者溝通，
使「哲學問題」不再只停留於「語言問題」，筆者建議盡量少使用容
易產生混淆的「天主教」哲學這個中文翻譯。

第二節　基督宗教哲學的界定難題

　　有關這個主題，祈爾松（Gilson E.）在《中世紀哲學精神一書》（*The Spirit of Medieval Philosophy*）一書中已經有完整說明，在此我並不打算多做全面性的重新探討[4]。我所要進行的工作是，指出其中迄今仍然在傳教與教育工作中產生困擾的爭議點，並試圖提出個人認為較適切的闡述方式，這些回答將牽涉到我如何論述之後所談論到的哲學問題；而那些與我即將討論的「基督宗教哲學」關係較不緊密的爭議，留待其他機會再予以討論（雖然其中仍有許多將深入討論的課題）。

　　我認為今日中文知識界裡諸多仍然持續在產生困擾的爭議點中，當屬宗教與哲學如何相容？此為「基督宗教哲學」發展中最關鍵的難題[5]，對於這個難題，我的處理將是在那些受基督信仰深刻影響的哲學中選擇「士林哲學」，而且盡量使用在一旦需要說明自己的思考立足點的時候，回歸哲學探討的最素樸定義[6]。這樣的回答在釐清語言的目的上雖然不能全部，但有大半可以消除語言糾纏，據此直接面對其中牽涉的複雜哲學討論。無論如何，將士林哲學當做一種哲學主張，而不是一種信仰，其提供了有價值的哲學理論，除非完全不顧歷史事實，應當是個正確的描述。

　　根據一般哲學史的區分，從西元二世紀教父時期算起至十四世紀，為中世紀哲學，其中以士林哲學做為代表，繼承自綜合希臘時期哲學思想的柏拉圖（Plato）、亞里斯多德（Aristotle），經歷新柏拉圖主義、以奧古斯丁（St. Augustin）為代表的教父哲學、士林哲學

4　Gilson E.,Downes A.H.C. Translated (1936), *The Spirit of Medieval Philosophy*, (pp. 1-41) NY: Charles Scribner's Sons.

5　Ibid.

6　參照前文所述

之父安瑟倫（Anselmus Canterbury）、伯納文都納（Bonaventra），
直到十三世紀多瑪斯（St. Thomas Aquinas）綜其成，長達一千多年
發展的士林哲學由奧古斯丁開始，以多瑪斯哲學做為發展高峰，至歐
坎（Ockham）發展的唯名論（nominalism）而致衰微。哲學史係將
十五世紀開始的文藝復興時期視為近代哲學開端[7]，以歷史區分時段
當無疑義。但對於將文藝復興時期之後的哲學發展描述為士林哲學衰
微，在語用層次上，遠不如將歷史事實描述為士林哲學在十五世紀後
所獲得的重視，以及對世界的影響力大不如前，這樣的描述可以適當
的向那些對於哲學承傳發展還沒有自己深刻體認的人說明，士林哲學
發展到十五世紀後所處理的問題聚焦於語言，其自身體系內容之發展
的確大不如前。但是類似歐坎的唯名論主張對於後世哲學發展仍有著
重大的影響，因為很難在不斷強調「衰微」、「沒落」之際，又在同
一時間要求他人重視自己的價值。不承認理論發展遇到困難的事實固
然是不行，但處理方式如果期待再從中獲取能量，或至少保存價值，
在「語用」層面上確實應當多加斟酌，尤其是面對一語詞翻譯為中文
之後會造成各種複雜的狀況時更應如此。

　　另一個與之相關的「語用」問題，是關於對中世紀為黑暗時期
的描述。所謂中世紀的「黑暗」主要是在描述政治的發展狀況，蠻族
入侵對當時的文明產生破壞是不爭的歷史事實；但另外一個歷史事實
是，教會體系確實不但大量的保存了當時的文化，更在哲學發展上出
現像多瑪斯這樣的思想巨擘大放光明。要聽者正確的認識這兩個同時
存在卻看似相互矛盾的描述，如果不在「語用」層次上多加考量，傳

7　Copleston F.(1950), *A history of Philosophy, (pp. 1-12,pp. 13-39, 9940-90, pp. 293-434)*
　　Westminster, Maryland: The Newman Press. 雖然Copleston認為的中世紀哲學是起自八
　　世紀末John Scotus Eriugena，但他的處理大致也符合於本文的區分。

達的困難將持續發生，尤其在文藝復興時期之後，哲學發展已經不再是以士林哲學爲發展主軸，關心的問題與使用的方法都有了新的進展，因此對於歷史的詮釋又增添了許多其他的「心理動機」或者是「權力因素」。研究者應當以負責任的態度善加考察，並用適當的描述方式來說明這史實，以利後續開展的研究不必再從主觀與客觀的否定和懷疑中展開，這個問題在經過中文翻譯之後更是棘手。因此，唯有經過適切的描述，才能減少當代發展士林哲學的障礙[8]。

　　興盛於中世紀的士林哲學吸收柏拉圖現實分享「理想」（Ideal）世界的主張，並將亞里斯多德的「形質論」（原質與原形、潛能與現實）與形上學主張之「不動的動者」，結合基督宗教聖經的創造觀念與存有自身的道理，融合理性與啓示（超越理性），將人與外在世界安置於一個系統內[9]。這都是士林哲學值得再發展的最核心主張。士林哲學體系與方法是經過縝密選擇的呈現，尤其是將士林哲學當做理解哲學基礎，其價值更是不可磨滅。與其他哲學體系相比，士林哲學有著較易於將哲學智慧以一般常識方式說出的特點，而且又不會失去哲學思維的深邃，在學術進路上，士林哲學的研究方法更有著充分的理智思維和嚴密邏輯。

　　雖然基督宗教信仰提供了士林哲學方法和原則，對於基督信仰的獨立存在而言，士林哲學並不是必需，將基督宗教信仰與士林哲學混同實不相宜，信仰和哲學之間還是有著明確區分。當代基督宗教信仰的發展如果需要哲學做爲工具，士林哲學無疑是最合適的選擇，因爲在眾多基督徒所發展的哲學中，士林哲學與基督宗教信仰完全和諧，將士林哲學視爲思考工具，應當是合宜的處理。在接下來的討論中將

8　由於這並不是本書最主要的課題，因此先處理到此，留待日後有機會再深入探討。
9　李震（1991）。《基本哲學探討》。臺北：輔大出版社。

進一步的呈現，以基督信仰做爲核心的士林哲學，其做爲哲學的基本
論述，以及其核心價值如何可以用來面對知識、文化、倫理價值或是
政治社會多層面的人類生活問題。

第三節　本書研究主題政治哲學的基本界定

　　在初步釐清本人的治學基本立場之後，接下來將要界定在本書中所研究的「政治哲學」之研究對象為何？不但要釐清與「政治學」的差異，更要說明以士林哲學為基礎的政治哲學研究，有其特殊的研究範圍與研究方法。

　　根據大英百科全書的定義：「政治哲學」是哲學研究的一個分支，研究政治見解、觀念與論證的最抽象層面，「政治」（Political）的意義即為政治哲學的重要問題[10]。

　　「政治」，一般的認知主要是涉及政府的運作與政府的組織。而「政治哲學」的中心研究課題乃在探討公眾權力的施展與其限制，如何讓公眾權力除了達成基本的保障人民生活外，更達到提升生活品質的目的。

　　與其他研究人類經驗所及的學科相同，政治哲學的研究範圍與其限制，仍然在人類的心靈，所發展及創造的知識與外在世界還是有著明顯的區隔[11]。政治哲學對各種現存政治與社會問題進行根本性的反省，從問題本身存在原因、到所運用處理的知識，以及對問題的解釋理論，其所根據的假設做深入的探究；政治哲學如同其他的學科發展一樣，理論提出者都有其所處時代的限制。

　　政治學（Political Science）是社會科學的一種，著重政治實務的經驗性描述，關注政府組織的權力運作現象，對政治問題的思辯根本

---

10 Safra J. E. (2010). *Encyclopaedia Britannica Ultimate Reference Suite*, Chicago: Encyclopaedia Britannica,Inc
11 討論心靈－語言－知識－世界的Popper K. 世界1. 2. 3理論主要參考：Popper, K. (1992). *In Search of A Better World*. NY: Routledge.

上是實用的。而政治哲學所關注的乃是那些政治運作的實務理論所依循的規範，是否有經過仔細的討論，或者只是盲目的接受；也就是在這個基本立場上，政治哲學與一般性的哲學思辯緊密連結。對於規範的研究，處理的是假設如何能成立，以及關於「應然」問題的思考。對於政治現實所產生的事實必須產生連結，但並不因此必然取決於政治實務，政治哲學思辯與個別從事政治活動人物的自身信念，經常在政治運作過程中產生出理性的光輝，因為從政者對自我歷史定位的追求，與對世界觀的反省，是公眾生活與個人生命中不可缺少的面向。有關政治哲學的思辯絕非空洞不切實際，事實上它常常對區分政治行動的善與惡產生決定性的影響。政治哲學思辯的結果產生出政治行動與政治判斷所依循的理智規律，也因此建立起判斷的標準，而這些標準尤其在道德判斷上更顯重要。公眾權力的來源為何？權力如何行使才符合於公眾的正義？而政治行為的善與惡是由其結果來界定，還是依循道德法則來判斷？這些都是政治哲學研究的重要課題，甚至可以說，如果欠缺這些重要的政治哲學思辯，再多的現實政治分析也終將流於口號，無法產生對現實政治改善的力量。

士林哲學的基本立場與方法，應用於政治哲學的研究，不但能夠做為理論基礎，且在提供基本觀念的定義與基本思考法則的探究上極有價值，因此在接下來的章節，我將逐步說明士林哲學關於政治哲學的相關理論論述。

第二章　政治哲學的建構基礎

第一節　政治思考的本質

一、應然與實然的交互作用

　　政治活動存在於人類的集體生活中，對政治的思考無法與人類的活動分離，政治哲學是對於人關於政治事務的各式主張研究、反省與批判。在諸多政治問題的研究中，針對政治思想的研究極為關鍵。

　　二十世紀西方政治學研究深受行為主義影響，著重經驗性研究，忽視「應然」問題規範政治思想之探究。因此各項政治行動在沒有價值與目標的導引下，使得人類經歷了不斷重演的種種政治災難。對「應然」與「實然」問題的錯誤認知，是今日吾人不能深入了解政治現象，進而尋求政治問題的解決關鍵。想將政治學當作一門如同自然科學的學科，所需要進行的工作絕非僅是限定研究範圍與使用科學方法。作為一門持續發展的社會科學，需要深入的研究那些向來被視之為無用的「應然」，以尋求解決「實然」，這是今日研究政治學必須要有的認識，否則無從探討政治哲學。

　　影響人類歷史的重大政治事件都是政治現象與政治思想相互影響的產物。欠缺政治哲學的研究，則無從澄清處理政治事務時所賴以為基礎之根本思想，更無從產生對不同政治主張的客觀態度。

　　吾人不應將科學性的哲學研究與介紹性的思想研究混為一談，僅著重於理解與詮釋，或只是介紹政治思想，不可能對歷史上發生的政治大事徹底了解，從而產生對政治歷史的正確認識。即便熟知洛克、盧梭、馬基維利、黑格爾、馬克思與列寧的主張，也不可能完全理解自由主義、近代民族國家與共產主義，並能分析世界政治情勢。既然政治學作為科學，其特性即是著重「實然」，就絕不能滿足於此，還要進一步提出新的理論並進行批判，才能產生作為科學的發展效果，因此進行著重「應然」的政治哲學研究必然是著重實然政治的科學性

研究不可缺少的部分。

二、研究方向的分歧

　　第一種方向：探究政治事務本質，以理想的政治秩序來衡量現存政治體制。將古典政治思想做爲政治哲學的典範，對近代至今的政治思想不滿，視現代的政治哲學爲對政治本質曲解，譴責思想家放棄追求良善政治秩序的天職。探取此立場之論者主張要回到西方政治思想傳統，即由蘇格拉底（Socrates）、柏拉圖（Plato）、亞里斯多德（Aristotle）等先哲代表的探索精神。此研究方向的代表人物如前芝加哥大學教授里奧‧史特勞斯（Leo Strauss）等人的看法，即使自由民主體制算是近代政治思想的成就，但其中由於仍存在著虛無主義危機，亟待以古典哲學的德性探究加以拯救[1]。

　　第二種方向：不認爲政治世界有理想的政治秩序，政治哲學家的工作在觀察與反省人類歷史不斷出現的新現象，每一代人都有可能創造出人意料之外的歷史局面，而不斷出現的新情況才是哲學持續發展的動力。政治哲學家的工作是說故事者（A Story-telling person），而不是政治工程師。這種研究方向的代表人物如：漢娜‧鄂蘭[2]（Hannah Arendt）主張政治哲學家永遠不能忘記人類秉性多元，其政治行動的可貴正在其能成就大善與大惡之創造性。

1　Strauss L.：「政治哲學是一種想要真正了解政治事務的本質，以及正確的或良善的政治秩序之企圖。」參見STRAUSS LEO (1959). *What is Political Philosophy?* Chicago: Chicago University Press.
2　相關的漢娜‧鄂蘭論點參考Hannah, A. edited by Baehr, Peter. (2000) *The Portable Hannah Arendt*. NY：Penguin Group.

三、關於歷史的研究

　　研究過去的思想演變歷史，對今日的政治有何助益？如果只局限於知道前人如何理解政治並規範公共生活，充其量只是一種「歷史」取向的研究，在學術分類上，政治的思想史研究與其他各種歷史研究一樣。但若要超越這種局限並不容易，想要藉由研讀歷史尤其是思想史鑑古知今，是第一種超越局限的嘗試；另一種研究歷史的態度，則在認識歷史的不可重複之特色，對歷史人物或時代潮流的了解無論多深，都只爲了欣賞的目的，這種學術工作態度與第一種希望藉由歷史研究尋找人類興替教訓剛好相反。第三種研究歷史的態度則著重於擷取靈感，歷史的脈絡、連續性與是否重複問題都不是研究重點。過往哲人之思想與實現挑戰的關係著重科學性的發展關聯，也就是說關心的重點在對已經完成的成就持續深化，對已經發生的錯誤則追求錯誤不再重複。只有如此，過去智慧才能繼續指引人類面對今日的問題，也才能是無窮寶藏。

四、政治哲學的思考本質

　　如果認眞思考政治哲學的建構基礎，便能輕易發現，那些看似言之成理的政治議論，幾乎都將政治視之爲某種既成事實，只由現象開始思考，並未觸及本質問題。關於政治本質的思考，其實是所有關於政治討論中不可迴避的主題，關於在政治哲學思考中尤其如此。關於這一點，其實是毫無退讓空間，因此在接下來的討論中，我將先解析關於將政治視之爲既成事實，只從現象思考的幾種常見主張，並在之

後說明思考政治本質究竟該如何進行[3]。

　　論者通常將政治視爲公共領域的生活技術，政治這種技術經由治理、分配、約定等方式存在組織中。政治處理包括：自由、快樂、尊嚴、和平、希望等主題，並尋求實現。政治同時是取得、保有並擴張權力的技術，與經濟做爲財富積累的技術不同。而政治活動則是爲了公益目的參與公共事務所產生的活動，投票、組織、集會遊行、參與政治團體……，都屬具體的政治活動。但如果政治只是如此，將無法完整的解釋政治本質，因爲再多的技術都必須有「人」來使用，對政治的理解不能與人的活動分割，不能與人的道德行動、經濟交換、宗教信仰分開，也不能與人的生物、生理與靈性需求分開。更重要的是，政治必須建立在由人所構成的社會當中，而且只有在社會中，人才需要政治。不存在沒有他人的社會，想要理解政治，必先理解人與社會的關係，並掌握人的基本活動。而透過對人的基本活動掌握後，也才能對政治與道德的緊密關係產生深刻的理解，因爲只有在人的活動中，才能發現道德力量的必要性，以道德進行溝通與解決人類問題，才是最有效與持久的方式。

　　有了最基本的理解後，在接下來的兩節中我將先嘗試說明人與政治思考的關聯，開始進行關於政治的本質思考。

3　在參考了諸多相關論點後，我仍然認為，陳文團教授在他為初學者所寫的入門書《政治與道德》中所提政治哲學的思考起點主張，是諸多討論中最具有代表性的描述。陳文團（1988）。《政治與道德》。臺北：臺灣書店。

第二節　政治是人的活動

在上一節我已清楚說明，為什麼研究政治哲學須先從關於「人」的哲學定義開始，因此在本節中將著重說明關於「人」的議題必須掌握的基本觀念。在此筆者先說明此一步驟之重要性。在研究與討論中，對於事實的基本定義如能成為共識，且不再影響問題的處理方式，則重複的討論實屬多餘；同時筆者也不認為所有問題都先有溯源考據的必要，但最糟的情況是對於事實的基本定義視之為理所當然而不再檢視，卻因為省略前提檢視而產生後續思考的阻礙。這時不避繁難的回到事實基本定義，就成為了問題解決的必要行動，在本書中便可清楚察覺一旦忽視產生歧異的基本定義，想要思考政治哲學建構是如此困難，更不要說進一步提出對政治問題的解決。

一、對「人」的不同理解決定哲學發展方向

首先，考查字義上英文「man」的字源。人是大地的產物，同時他也超出大地的一切，接觸到更高的世界。這個字源探究使我們開始能對於人的本質有所了解[4]。

其次，對人的基本認識，人具有動物的一切特性，有生命與感官，會成長、營生，自動，還有各種衝動，毫無疑問的，人是動物的一種，但人因為有「理智」而使之成為非常獨特的動物。智力使人超越做為與其他動物相比先天較為弱勢的生理構造，成為這個世界的主

---

4 英文man，盎格魯撒克遜（Anglo-Saxon）語。MANN一字，字根至今無從稽考，大約與思想有關。希臘文anthropos字源如何，也不甚確切：以前解釋成「向前看者」，今日則釋為「男人的臉」。拉丁文homo則指「由泥土生成」（與humus一字有關）。相關資料參考項退結編譯（1988）。《西洋哲學辭典》。臺北：華香園出版社。

人，甚至恣意改變大自然。不把人的五種獨特智力：技術、傳統、進步、思想能力和沉思，視之為基本認識，則在思考哲學問題時將容易迷失方向，陷入看似有所突破卻又窒礙難行的困境，尤其在本書中所探討的政治哲學問題更是如此，因此在此對人的五種獨特智力稍做說明：

1.關於「技術」特性必須掌握的要點在：只有人能精密設計，並透過試驗製造出精密複雜的工具來讓自身運用。

2.關於「傳統」與「進步」，此二特性與政治哲學的思考密切相關，必須徹底掌握。

3.人如果不是社會動物，文明不會有今日的發展。與其他動物的社會性不同，人依靠「傳統」在社會中生長，而傳統是經由高度複雜的語言學習得來。由於傳統，人產生了進步，愈經過學習所學得的愈多。不僅單獨的個人在學習，包括整個人類社會都在學習。人不但能依循傳統進行學習，同時還能發明。有別於其他動物將習性不變的相傳，人類每一代比上一代知道的更多。現代人與古代人的生理結構差異不大，可是擁有的知識卻是古人難以想像。因此人類政治與社會同樣的也在傳統中學習、發明與進步，然而也因傳統與進步的觀念存在著一般人難以釐清的關係而產生困擾，而這些困擾在某種程度上也造成了進步的動力與阻力。

4.第四種特性是人的抽象能力。技術、傳統和進步三種特性依賴人的「抽象」能力，使人超越個別的和具體的事物，運用「普遍的語詞」進行思想。抽象能力不僅造就了人類在技術上的各項成就，人更能思考，諸如：數和價值之類的「理想物」（idea beings）。這種超越「實用定律」的能力，在科學和宗教兩個領域裡更為突出，人的探究能夠完全沒有實用目的，而純粹為了知識。人能夠客觀的研究科學與發展宗教；人能直接地意識到自己的自由；人在某些特定時刻中能

超越一切自然定律。而抽象能力的運作直接與人的第五種特性「沉思」相連。

5.沉思。人與其他動物只指向外在世界不同，動物只關心外在生存環境的事物，而人能向內反省自身，關心自己的存在意義，而且人對於自己遲早會死的認識與其他動物迥然不同。在人之內使其成為人的「心靈」（也可稱為「靈魂」或「精神」）存在此世但不屬於此世界，超出之外。綜合而言，人能夠超越自然，能有超越物質必然世界的精神生活，人因為有思想和沉思的獨特理智能力，因此屬於精神的認識得以進入屬於物質的事物內，理解其之所以為此物的核心——存有，並更加深入的認識到存有的最後基礎——絕對存有。也因為思想和沉思的獨特理智能力，意志才能在有限事物構成的世界中擁有自由，並兼容善以達到最高的善。透過思想和沉思能力，人類的精神生命由有限轉入無限，因此人才能是最高等級的生命[5]。

第三，對於人的基本認識是在對五種獨特的智力認定，開始了哲學發展的分歧，尤其是精神與肉體的關聯更是其中的焦點，在以「人」為研究對象的「哲學人類學」（Anthropology）此一學門中，更將精神與肉體的關聯視為中心問題。因為認識到對精神與肉體關係的認定方式會主導政治哲學的建立方向，不可不慎，所以特別在此將精神與肉體關聯問題的基礎略做澄清[6]。

1.唯物論：極端唯物論者認為除了肉體之外精神根本不存在。由這種看似顯然不合事實的主張衍生出的溫和唯物論者認為：有精神或

---

5 關於哲學基本觀念的釐清，經過多年思考後發現仍以Bochenski, J. M.的說法最為清楚明瞭，本書的相關論點大體綜合了他三本重要著作的觀點：(1954) .Modern Europe Philosophy. (1954). Philosophy: An Introduction. (1968). *The Methods of Contemporary Thought.*

6 Ibid.

意識存在；但只是肉體的一種功能，這種功能只在程度上不同於其他動物。

2.唯心論：極端的唯心論者認爲，「精神」完全不同於世界的其他事物，「人」是活在機器裡的天使，是推動機器的純粹精神，「人」不是整體而只是精神，只是「存在」（existence）。持這種帶有柏拉圖風格主張的哲學家爲數不少，其中最具代表性的人物當屬笛卡兒，許多的存在主義哲學家也持類似主張。

3.調和論：由亞里斯多德所提出，符合於今日自然科學發展的主張，認爲將心靈對立於肉體沒有意義，要以整體來思考人。「人」這個整體有著純粹物質、動物性和心靈的各種不同功能，全都是人的功能，非只是肉體的功能。而唯有人有獨特的心靈功能，其他動物沒有。

總結前述精神與肉體關係的思考：人是否在本質上不同於其他動物的東西？稱爲本質的那個「東西」究竟在哪裡？如果有它，與人的其他成分如何關聯？選擇哪一種思考方式建立的政治哲學將完全不同，而選擇建基於不同精神與肉體關係的政治哲學所產生的政治主張，及相應的政治作爲更是大不相同，這是在思考時不得不慎的要點。

第四，「需求」問題與政治哲學發展密切相關。關於「需求」，人總會給自己創造一些新的需求，以致「需求」永遠不會滿足。人所創造出的「錢」是最具代表性的重大「需求」；對「財富」，人永遠不會覺得夠，由此人注定走向無限，因爲唯有無限才能滿足人的「需求」。就在走向無限的同時，人認識到自己的有限，特別是生命有限，無限與有限交織的緊張情緒，讓人爲了永遠無法獲得的東西而活。

爲了消除無限與有限對立不斷產生的緊張，也爲了從不停追求

卻無法獲得的過程中尋求解脫，人類發展出不同的因應模式。一種解決是要人把自己認同於一個比自己強大的東西，譬如社會，來滿足對無限的渴望；個體可以消滅，但整個人類和宇宙會繼續存在。這種處理常會流於空洞，甚至給予掌權者做虛弄假的空間，因為認同於整體並沒有能讓個人為自己無限需求的渴望獲得滿足，人只會為自己這個人、不會因為其他事物而獲得滿足。第二解決是根本否定消除緊張與尋求解脫的必要，以存在主義者為代表，否定人生的意義。但這種方式對於現實人生造成的悲劇，可能比不使用這種方式更糟，表現在政治哲學上的虛無主義常常產生出對大多數人而言更為不幸的結果。

人應該可以用某一種方式達到無限，處理方法是以此生與來生的方式來解決；此生無法達到無限，但在超越此世界的另一世界可以。因此不能有嚴格證明的「靈魂不滅」主張，一直是許多哲學家視為對現實矛盾提供解答的重要方法。但必須說明，即使靈魂不滅，也未必能解決問題，因為人縱使尚有來生，仍然不能解答何以就能滿足無限需求？實際上這已超出理智的思考範圍，進入了以信仰為主的宗教領域。但是認識到理智的邊緣，對於理解建基於不同信念的政治哲學所產生的政治主張，及相應的政治作為仍極重要。因為是否已經將理智發展到高峰，或者只是錯誤的認知，對大多數人追求此世的幸福與否有著決定性的影響[7]。

有了在本節中所提及關於人的基本認識後，在下一節中，我將說明關於人的精神特性與政治哲學建構的深層關係。

7　Ibid.

第三節　位格、人格與政治哲學

　　如上一節所述，人具有精神特性，精神性是由位格（Person）而來。正因爲具有精神特性，使人有特殊的尊嚴，如果沒有思考位格問題，則很難去討論個體性（Uniqueness）之不可侵犯。另外，從有限世界過渡到無限世界所需要的「靈魂不滅」之永恆特性，也與此密不可分。人必須藉由對「靈魂不滅」之永恆期盼，才能在現世的有限生命中追求只屬於個人的超現世目標。也因此，人才能具有不可轉讓的基本權利，包括擁有自由的權利與私有財產權都應建基於此。因此在本節中我將對位格進行說明。

一、對「位格」必須有的基本認識

　　位格是士林哲學的重要基本觀念，位格是一種精神性的實體。位格不能與其他的個體所共有，具有特殊性。在可見世界所見到的人皆以位格形式來理解，具備個別的名、以個人爲主體所進行的陳述，擁有以個體爲主的特性。「位格」的特性在精神的自我意識及與意識相應的自我能力，且不以特定時空爲限，因此以超越方式存在並擁有全善的神，當然具有位格。

　　人類的尊嚴在其他一切物種之上的原因在於其精神，因此精神界以下的個體完全爲該種類服務，而讓人擁有精神尊嚴的原因則在其擁有位格；位格有其絕對一次性的命運和目的，位格也有爲其種類及社會整體服務的特性，須對團體有所貢獻。位格高於其他一切事物的理由在於，位格並不被任一種類的本質規律所束縛，能夠自由地抉擇。由位格的永恆性來主張靈魂不滅，每一個個體擁有唯其自身才能獲得的完善，也由於位格的特殊尊嚴，才得以保障人的生存價值，排斥把

人當做物的主張。

　　以基督宗教為基礎的士林哲學堅決肯定人的精神性、自由與靈魂不死，以「位格」理論做為重要的思想基礎。反對士林哲學「位格」理論的學說所在多有，其中對政治哲學發展有著最重大影響，諸如：黑格爾（Hegel）把「位格」視為絕對觀念的發展過程，位格犧牲於包羅萬象的整體之類的主張，這種主張的極端化形成了集體主義的理論基礎。而相反的，對整體性的否定，將位格自身獨立的主張極端化，則形成了極端的個體主義。在接下來的章節中我將進一步的討論，主張集體主義與個體主義會對政治哲學發展產生的影響，從對位格主張中就可以看到這種影響的深刻性[8]。

　　強調個人自由選擇的存在主義哲學則對位格相當的重視，而他們的論點與士林哲學「位格」理論有著類似的主張。的確，唯有在選擇時，人才會承受真正屬於他自己的存有而成為「存在」，選擇充分地實現位格性；但是過度重視選擇行為，將選擇視為位格的本質，忽略之所以主張人的獨立位格，是人依其天性自由地發展自己，成就其做為經驗世界可以觸及的成熟人格（personality），也就是說，只強調「選擇」將窄化位格的重要性。這種主張與虛無主義相連，對當代政治哲學發展亦有著深遠的影響[9]。

　　在此順帶一提與位格緊密關聯的「人格」觀念，為本章探討以人做為思考政治哲學基礎的這一立論做一暫結。人格與屬於形而上的位

8 反對士林哲學「位格」理論的學說，具有代表性的還有諸如：受佛教教義影響甚深的叔本華（Schopenhauer）視位格的個體性為最原始的痛苦。而尼采思想中同時可見到的集體主義及個體主義的特徵更是鮮明。參考李震（1991）。《基本哲學探討》。臺北：輔大出版社。

9 存在主義哲學家派為數甚多，在此所指的是由諸如：齊克果（Kirerkegaard）與馬克斯‧謝勒（Max Scheler）等主張與士林哲學「位格」理論類者。相關資料參考李震（1991）。《基本哲學探討》。臺北：輔大出版社。

格相對應，是位格的經驗事實，與政治哲學的發展及經驗事實緊密相連的特性相符，因此必須有所掌握。人格是一個與人的自我相連的整體，具有持續性，又具有動態特色，天賦、肉體與心靈、意識與潛意識的各項活動整合於人格，活動過程與所發生情況都是人格這個整體整合的對象，人格是經驗所及與經驗科學所能研究的位格。必須一提的是，不宜陷入經驗心理學對人格研究的局限，因爲人格的研究一般是由經驗心理學來進行，而經驗心理學並沒有人格的普遍定義，只從不同的角度研究人格，不考慮位格的形而上意義；經驗心理學使用各種方法研究人的個別行爲，由方法選擇了決定其所發展的人格理論。而對於經驗心理學的適切思考進路應該是將其視爲如同其他科學一樣，理解經驗心理學的預設之合理性必須用哲學的思辨予以界定與釐清。因此對經驗心理學在其固定範圍內以特定方法產生的研究成果，仍然須要仔細的重新審視。

　　思考政治哲學必須與經驗事實相連，而位格理論的重要性已經在上文中討論，進一步追求政治哲學的發展不能與經驗事實割離，因此，對於經驗所及與經驗科學所能研究的位格－人格之觀念的掌握實屬必要。

第三章　政治哲學的基本觀念（一）
　　　　社會與國家

第一節　社會與國家

在深入研究政治哲學的基礎之後發現，如果沒有從其最基本的組成要件思考起，所有的論述都只是在重複堆砌那些已經建構好的各種理論，而沒有能夠處理任何為什麼要這樣或那樣主張的原因。也因為如此，所有的論辯將無法產生出結果，換言之，吾人無從得知何者最能解決人類生活的實際問題。因此在前文中已從做為政治理論的預設的「人」進行了哲學問題分析，也說明了對「人」的問題持什麼樣的主張，將會產生對政治哲學如何建構的影響。在本章中要處理的是關於「社會」問題的哲學思考。大多數人在社會中生活，社會對於人的存在有著重大影響，因此思考政治哲學問題不可不對「社會」的構成問題進行深思，尤其政治乃是人在社會中進行的活動，社會、政治與人的存在相互影響，也相互決定。因此在本章中我將對政治哲學的理論進行基礎性的探討。

一、社會發展的目標

首先要說明的是，關於將所有的社會問題視為只是實用的，須交由熟悉實際事務的人做決定的主張。這種主張在某種程度上是對政治事務有著錯誤的認知；其次，這種主張還是會被某一種政治哲學的選擇所決定。在實際的事務上提出政治主張並產生政治作為，與認知到政治和社會問題並不只是實用的主張，兩者之間的最大差異在於，一旦將所有的社會問題視為只是實用的，在社會發展的過程中將產生出與預想結果發生落差之時，因為欠缺在「實然」之外的「應然」反省，而出現加諸於大多數人更加不幸的政治結果，因此不得不慎。

在現今社會中，關於是政治制度還是財產權制度的選擇，這些

社會的體制問題，多半也都是由政治家或經濟學家依據採用何種制度較爲有利而決定。哲學思考的工作不在主張一個社會應該採用何種政治制度或何種經濟結構，這些都屬於必須從實用觀點考慮的具體問題，而是針對那只知道實際情況卻不能夠解決問題時，哲學家們必須進行他的分內工作。例如：從實用觀點評價一切社會事務，這種主張至少預設了社會發展的目標。目標是什麼？該如何選？爲了什麼樣的理由而選？這些問題看似不是哲學問題，只要以增強國力就可以輕易做答。但是只要有人追問：爲什麼要以增強國力做爲目標？（而且必定會有人追問）因爲不論是在過去人類社會發展的歷史上，或者是展望未來，都不應該天眞的主張政治運作不會遇到困境；更接近事實的描述應該是，永遠都必須面對不斷產生的困難。一旦嘗試回答因爲什麼理由選擇某一個社會發展目標，就已經超越經濟學或政治理論的範圍，進入倫理學領域，而倫理學即爲哲學的一個重要部分。沒有哲學思考便不可能提出任何社會發展的認眞主張。

更何況，社會發展的目標固然是有關社會發展的中心問題，但卻不是關於社會的哲學思考中最基本的問題。眞正根本的是對「社會實在性」的問題深入思考，才有可能回答關於人的尊嚴和自由問題。因此，我將通過幾個基本觀念的界定來說明，在政治哲學思考上必須掌握的要點。

二、關於社會（society）必須有的正確認識

society可翻譯成「社會」與「社團」、「團體」。

「社會」指的是爲實現共同目的，許多人持久並且有效力地聯合在一起，並由各種人之社會天性所產生的組織與關係。與「社團」及

「團體」（community）的定義略有差異。「社團」指的是爲達到某種特殊目標的人爲組織，與自然形成的「團體」相對，團體通常指旨趣與情感的結合；在法律上，社團是指的是產權意義的集合，是爲特定目的之人力與物力的集合體。

要使眾人爲一個較爲偉大的目標持久合作，必須要有法定組織，因此社會是著重於法律及章程所構成的「組織」。而要使社會能夠行動，必須明白實際是個人在進行思想、意願與實際行動，而非社會這個實體，所以在社會實體中必須有權力和機構組織進行領導，社會成員應聽從這項權力。道德與法律層面的權力、從屬關係與服從責任，是任何一種社會的本質，來自人的天性，而社會權利基礎的公益是對此權力的限制。

三、關於國家（state）必須有的正確認識

人所需要的社會必須能夠完全滿足人的社會天性與家庭所無法提供的多種需要。此基於天性的社會稱爲國家。國家是一種完全社會，因爲國家具有家庭所缺乏的一切方法和力量。此外，國家也是圓滿社會，因爲它補足所有的漏洞。國家不像家庭以其成員個人的利益爲重，而是以公益爲直接目的[1]。

古代希臘只有城邦（polis；politics一字的由來），沒有更高單位，今日則在國家以上還有追求全人類統一的組織。從社團到整個人

---

1 因爲此點興起於十九世紀的自由主義者認爲，人可以離開國家獨立，國家可有可無，正是他們把社會和國家對立，認爲國家只是人爲的組織，社會指的是國家範圍外的人民團體。相關資料參考項退結編譯（1988）。《西洋哲學辭典》。臺北：華香園出版社。

類，中間有許多不同的公共團體，爲了要形成完全與圓滿的社會，於是產生更高階層的社會，即國家。

主張國家對內擁有不受任何限制的無比權力，對外不接受任何束縛，是過去一再發生戰爭的原因，當代的國家性已分布於不同層面，由地方自治社團至更高的組織省（州）、國（聯邦）、洲際聯合組織，乃至聯合國，每一種都是爲處理公眾事務而產生。現代國家觀念乃是包括了「公眾事務」的整體。國家是由人組成的團體，同時也是一個機構。與社會做爲集合名詞不同，國家是具有主權的社團，雖然是由人所組成的團體，但國家有著顯著的機構特性（由官僚進行統治）。

國家由很多不同的方式所形成，某些個人或團體的自由行動形成個別國家的原因不盡相同，但國家成立的必要性在於人的天性是不變的，形成團體屬於人本質的需要，這些需要實屬人生活所不可或缺，人很難有其他選擇，從而產生接受此團體的義務。這樣的團體符合人的本質需要，所以個別人的行動必須符合團體基於公益的要求，也就從而產生團體對其成員的權利基礎。此項權利不來自世間任何更高團體，而建基於創造秩序的必然性。由於國家權力形成方式的不同而形成不同政體的國家，有神論者亦是由此主張國家權力直接由神而來。

人民組成國家，國家是由人民的本質需要而來，人民同時構成了國家的本質，國家也必須有空間基礎與國家機構使組織完善，由於並非國家的權力或持有國家權力者形成國家，因此所有機構包括最高的領導機構，都是由國家所產生。然而，在實務上，國家最高機構究竟基於什麼樣的基礎持有國家權力，確實是個難題；同時，是在何種條件之下可以替換此項權力，也是難題。但先了解國家權力不能凌駕國家之上，是國家對其內部事務及所屬者的權力，此一先決觀念至爲重要，而國家對其所屬者的權力範圍也只限於公益所需，不能無限擴

張。所謂分權是指功能區分，旨在讓不同機構適當地發揮功能，並使不同機構互相制衡，避免任一機構過度集中權力而違反公益。最後吾人須明白權力的本身是無法分割的。

第二節　國家機構運作的基本觀念

　　在上一節中，我已說明爲完全滿足人的社會天性所產生的社會稱爲國家；國家與做爲集合名詞的社會不同，國家是具有主權的社團，雖然是由人所組成的團體，但國家有著顯著的機構特性。

　　本節中我將具體的說明，思考有著顯著機構特性的國家之相關課題時必須掌握的基本觀念爲：權利－公益－正義－權利與法律－意志自由－社會化－社會倫理。

一、關於權威（authority）

　　做爲國家機構的一個明顯運作特徵在於國家擁有執行命令的權威（authority），所謂權威，指的是促使人同意並接受指示的特徵總和。權威可以來自於自然人（physical person），稱作個人權威、法人（moral person），還有風俗習慣。權威有別於來自物質或精神的力量，也與必須由客觀明顯性產生同意的強制力不同。權威使理智同意接受時稱爲信仰，權威加諸意志產生行爲時則稱爲服從。個人權威來自某個別人的經驗、知識、能力與性格，但只限於意見提供，他人並無接受義務。與個人權威相對之法定權威來自法定地位，在法定權力範圍以內，他人有服從權威人物確定指示的義務，若不服從則有所處罰。由法律規定的法定權威，是社會達成有效目的之必須，在各類型社會中，無論直接或間接決定了基本政策後，都需要具體執行政策，因此對其成員需要領導權威。如果沒有權威，國家機構將無從運作。這是在思考政治哲學時必須要有的基本認識[2]。

2　參見前一節論述。

　　如前文所述，國家權力是國家對其內部事務及所屬者的權力，國家權力範圍限於公益所需，不能超越。接下來針對權力的分析必須要釐定的是關於公益（common good）的觀念，每一個不同的社會團體，都有著構成其所以成立的特殊理由，而由此決定其獨特性與形式，如靈魂之於個人一樣，這就是對公益必須要有的初步認識[3]。

二、關於公益（common good）

　　社會或團體形成的共同體（common body），由某些行動完成某些善的任務，任務中達到的善對共同體與其組成分子們都有所助益，因此稱這種善為公益。公益的完善在組成分子之上，任何共同體的首要任務都在幫助成員們達到完善。因此，國家應是個自然的、完善的共同體，公益是引領其組成的公民達到人性的全然完善。而公益同時亦是共同體本身的狀態，特點在於組織的價值。共同體的組織本身須有達到其特殊目標的能力，此外，為了構成共同體，還要有達成此目標的必要手段，與對組成公民的影響力，以引導出有效合作。

　　對人的團體生活而言，公益是屬於大眾的公共設施之總和，藉以使特定共同體中每一個分子由其行動來完成此世的任務，實現他們自身的幸福。公益是一種社會狀態，保證每一個人在其所屬團體之地位，並使他在這個團體中自由發展其所能，同時亦獲得其自身肉體、思想和道德的完善。透過個人對團體的服務，使個人外在和內在利益都更加豐富。

---

3 Ibid.

　　公益由共同體之特殊目標所決定，因此在政治上，公益指的是國家及公眾的福利，不宜將國家或政治上的利益完全等同於公益。每一個個別團體仍有著其各自的公益，一個共同體爲公益所要求的是成員爲了社會正義（social justice）而產生責任去做。因此接下來討論的主題將是關於正義（justice）必須如何把握。

三、關於正義（justice）、權利（right）與法律（law）

　　權利與法律是團體能夠成立並運作的秩序，而正義的任務即在維護此一秩序，尤其在現實情況未能維護公益，失去眞正有意義的團體秩序時，必須由正義的職責來重整秩序。

　　正義分爲不同範疇，茲簡述其意如下：

　　1.法律正義（Legal Justice）：指的是爲了團體公益，維持構成秩序的法規之被遵守，由於法律正義著眼於團體公益，因此稱爲一般正義。

　　2.分配正義（Distributive Justice）：指的是團體成員應依其地位和能力分擔義務，承受榮譽與利益。

　　3.交換正義（Commutative Justice）：指的是成員彼此之間，把依據權利所應得的付給對方，在給付者與被給付者之間保持著同等價值（Equivalence），並在經濟往來時保持等值。因著眼於團體成員間個別利益的分配，所以交換正義又稱爲個別正義。

　　4.社會正義（Social Justice）：由於實際生活世界的秩序從來不曾符合於完美的理想，要想眞正反映出權力與義務而達到較理想的秩序，社會秩序就必須不斷改善以適應實在情況所發生的變化。過去的

法律會因時過境遷失去意義，反而違反公益，這種情況當然也是違反了正義。對於不公正狀態之既得利益者與受損害者之間的衝突，唯有團體像有機體一般繼續發展，追求公益正義，也正因為這種努力使人持續回到團體真的秩序，因此能對公益提供真正的保障。

　　經過前面的討論，我們可以理解到權利、法律與正義在社會運作中所占的特殊地位；事實上，權利、法律與正義在整個道德秩序中也占有極重要的地位，權利直接與位格的尊嚴相連。人有保存其維護生命的權利，同時享有發展人格與塑造自己生活方式的權利，而且也有將無理性之物做為己用的所有權，這一切權利均以人的天性為基礎，是來自位格不可轉讓的基本權利。必須基於此點來理解，對法律觀念範圍的界定，在道德秩序中占非常特殊地位的法律，因為位格的主權先於法律，為法律之基礎。法律規範的是人對於他人的關係，是人際關係的秩序，以最嚴格的定義來說，只有人與人之間的關係屬於法律規範範圍。人與所擁有的物品之間的關係是一種財產權關係，而人的價值包括生命與良心則不屬於法律規範範圍。因此可知不是所有的人際關係與一切社會秩序都具有法律性質，會受到法律規範。只有在保障個人尊嚴及其不可轉讓的獨立性，又人的社會性以本質關係和社會相連，才構成法律關係[4]。

　　法律把位格之獨立性與社會連結，同時就確定了社會的基本結構；社會的生活規律不能違反社會的真正需要，違反社會利益的法律不成為法律。因此真正的法律必須是充滿生機、能夠適應環境變化，且不斷的促使社會前進。

　　而法律既然是社會的生活秩序，是建立社會所必需，為了維護公

4　Ibid.

共秩序，法律需要有強制的力量使違反法律者遵守。今日的社會，強制執行法律的權力已逐漸爲國家或更高層級的團體所有。

士林哲學將法律的基礎建立於人的個體性與位格性，同時亦建基於以位格爲基礎的人之社會性，主張人的位格唯有在社會中才能成長而充分發展。站在士林哲學的立場，對以下幾種理論持不同之看法：

1.法律實證論（Legal Positivism）以爲社會才是法律的泉源，不必再歸結到人天性所固有的權利，只承認實證法（Positive Law）及習慣法，認爲除了實證法不再有更高的標準，對此主張吾人實不能認同。

2.法律實證論雷同的看法，則認爲只要是成文法就是法，因爲一切成文法都以自然秩序爲基礎，所以即使違反人性及道德秩序也算是法律，只有實際的執行能力才使規範成爲法定，必須要有組織的團體，例如：國家或更高層級的組織才使法律秩序具有現代生活所需要的專技性完善，對此主張吾人亦不能認同[5]。

3.法律形式主義（Legal Formalism）雖與法律實證論相同，不承認先於或超越實證法而具確定內容的法律，但法律形式主義只承認限於形式的法律原則，例如：怎樣使個人自由與眾人的自由同時存在。生活中所需要的確定內容規範都是人爲的，要以純粹的合法性（Legality）代替自然權利，吾人認爲此立論亦不甚適切。

由於有關於這部分的討論已經進入法律哲學（Philosophy of law）的研究範圍，留待日後適當的主題再做進一步討論。

5　Ibid.

第四章　政治哲學的基本觀念（二）
社會的實在性

第一節　人與社會的關係

　　誠然，社會發展的目標是政治哲學關注的重要問題，但卻不是首要問題。關於政治與社會的哲學思考，最基本的是必須回答「什麼是社會真正的實在」這個嚴肅問題。若沒有確定在社會中何者為「實在」（reality），便沒有辦法推演人的尊嚴和自由等相關問題，換言之，這些問題都是從確定何者為「實在」之後才能開始提出可能的解答。

　　社會是以一種壓在人身上無形力量的方式顯現，幾乎沒有人能置之不顧，即使在最自由的社會裡，也不容許人完全任意行動。生活中的大小事即使再不願意，都受到社會風俗的約束。社會的約束力，不只對外在行為，也相當高程度的決定了精神生活，包括思想和感情。其重要因素為語言對精神生活的深刻影響所造成，語言是社會的產物，絕大部分是從社會傳統中習得，大部分的感情和願望依賴所受的教育，也就是依賴於現實生活的社會。社會以一種非常真實影響生活的力量出現。它的存在幾乎與其他存在於世界中的事物一樣，它的存在，甚至比其他事物的存在更加有力，更加真實[1]。

　　雖說社會以真實的力量出現，它的存在幾乎與其他存在於世界中的事物一樣，但畢竟在可見世界裡只有個體能被認知，即使社會以一真實的力量向人顯現，卻無法在感官中顯現的事實，又使得社會似乎在此世界不存在。而這就是為什麼「什麼是一個極端社會真正的實在」的難題，必須深入思考。

　　針對「什麼是社會真正的實在」這個難題，個人主義者

1　對於這個觀點，我參考諸多作品之後發現仍以Bochenski, J. M. 的說法最為清晰，相關論點綜合自他三本重要著作的觀點（1954）。*Modern Europe Philosophy.* (1954). *Philosophy: An Introduction.* (1968). *The Methods of Contemporary Thought.*

（individualist）將社會視爲純粹的虛構物，只有個人才是眞正的存在。當許多個人聚集時，以一個名稱稱呼它叫做「社會」，但「社會」或「國家」並不眞正存在，一旦談到「社會」或「國家」，眞正的意思是指具體的國民或掌權者；對國家的責任就是對領導者的責任，國家根本不存在，社會加在人身上的約束力只來自個人與個人之間的相互影響，與力學相同。

個人權利和自由的唯一界限只在與他人同等之權利如何共存，沒有個人與團體的內在關係。只有每個單一個人合理的利害關係能合作，才能產生出秩序。個人主義在政治學上亦稱爲自由主義（liberalism），自十九世紀至今對西方政治思想有著相當大的影響力，也實際控制了社會活動和經濟活動。

自由主義其理論的不合理性在於，若要主張社會只由個人組成，則必須否定人與人間的相互影響力，也就是說必須將之視爲不是眞實存在。假若不否認人與人間的相互影響力，就必須接受在社會中至少包含了「個人」和個人間的「關係」。而將「關係」視爲眞實存在，與個人主義所相信：世界只有「事物」及「自立體」眞實存在，其他的皆非眞實存在，尤其是「關係」的範疇理論相互衝突。推論至此，吾人可知個人主義若站得住腳，則一個不存在的東西──社會──是不可能擁有權力的，極端的個人主義衍生出否認個人對社會有任何責任的極端社會倫理學主張，爲大多數人所不能接受，而且與一般所領會的道德價值衝突很大[2]。

個人主義重視人格發展與個人位格尊嚴思想，反對把人當做一個整體來理解，這是其正面價值。但它特別強調個人，否認更高

2　相關資料參考項退結編譯（1988）。《西洋哲學辭典》。臺北：華香園出版社。

層次團體的關係之論調所造成的實際結果，通常是表面主張個人主義，事實上以國家與跨國企業的形式繼續存在，進行比集體主義（collectivism）更加強烈的對弱勢者的剝削。

許多主張社會眞實存在，與個人主義對立的理論，當中最具有代表性的是集體主義（collectivism）。從存有學的觀點，可將集體主義分成兩個類型：

第一類型與個人主義針鋒相對，雖然同樣認爲只有「自立體」眞實存在，只是此自立體不是個人，而是社會。在社會中只有一個自立體是完全存在，就是社會整體。個人僅是自立體的構成部分，而不是完全存在，個人只是社會的一部分。

第二類型亦與個人主義相對，主張只有一個範疇存在，即「關係」。只有「關係」才是眞實存在的東西。這種自立體是由關係構成，之所以能夠存在是由於有關係，自立體不外就是關係。社會是眞正的整體，個人是由社會關係所構成，附屬於社會，眞實性次於社會，將其徹底貶低[3]。

與個人主義相同，「集體主義」同樣產生出嚴重影響人類生存之關於社會倫理學問題，因爲如果唯有社會才是眞實存在，個人僅是它的一部分，人就不應該能夠擁有個人的權利。個人在社會內生存，爲社會而生存，個人只是一個工具，社會才是唯一的目的。個人並不存在或嚴格來說沒有完全的存在；個人等於一個工具，是成就整體的手段，永遠該被利用和壓榨。一個「不存在的東西」不可能擁有所謂的個人的權利。每一種集體主義都企圖通過建立最高價值將權力絕對化，爲了最高價值，集體中的成員都需犧牲一切，包括生命；集體的

---

3 黑格爾是這種主張的代表人物，「真的就是全部的」。個人除了是社會的「辯證瞬間」（dialectical moment），其他什麼也不是。

絕對性與整體的社會秩序的強調，將個人地位徹底貶抑，在集體中，人的價值和特殊性消失，被剝奪個人價值的個人退化爲物，因此集體主義不容任何反對意見，當然也不會產生民主思想精神和制度。

　　個人主義與集體主義在哲學上的對立，使現代人不斷的思索自己的處境。這兩種各走極端的主張，都無法爲人所廣爲接受，因爲在日常生活裡，人似乎都能明白個人有著自己的權利，不是工具。同時人也明白必須要對社會負責任，社會不是「虛構物」。這種哲學上的對立，其思維之根本來自建立理論基礎時，對範疇（Categories）主張的選擇。在哲學思考中屬於高度抽象的問題，也是理論建立最深層的基礎，不經深刻思辨是不可能掌握的[4]。

　　社會哲學之不同於社會學或政治學，即在於深入「社會」之深層意涵，以最根本的觀點指出個人主義與集體主義之對立處，所採用的論點實早存於亞里斯多德的學說中，有助於吾人突破這種哲學上的對立，爲這種事實進行解釋和確認其理論正當性的工作，早可見於亞里斯多德的學說，而亞氏的理論經過士林哲學大師們的理論深化，已經有了全面性的發展，這就是我所主張士林哲學的當代意義，在下一節中我將進一步說明[5]。

4　有關範疇的討論見於下一節。
5　有關士林哲學的發展脈絡的歷史關聯，留待後面的章節中再深入討論。

第二節　融合與範疇

　　承前文所言，突破個人主義與集體主義在哲學上的對立，同樣以範疇爲理論基礎，通過亞里斯多德理論我們可以清楚的看出，不但「自立體」眞實存在，而且「關係」也眞實存在。關係不是事物，不是自立體，但各式各樣的關係存在著，也對自立體產生眞實影響，使自立體之間產生聯結。在社會中完整的眞實存在確實唯有個人，但個人並非完整的存在。可知社會不只是個人的總合，社會中有眞實的關係將眾人引向共同的目標。人與人在社會裡產生關聯的「關係」範疇並非憑空加之於人，而是在人內有著做爲存在基礎的特性，讓社會關係成爲可能，那就是人人共有的，在內心中對幸福的渴望，只有在社會中，人努力追求幸福才有意義，獲得幸福的方法唯有在社會中與他人在一起。這也是我所認爲士林哲學對當代政治哲學最有意義的啓發，值得繼續發展，因爲這種主張可以將個人主義與集體主義的對立予以適當的調和。在此個人的幸福，而且只能是個人的幸福，必須做爲所有政治活動的最終目標。爲了達到追求幸福的目標，必須承認社會的實在性，所有政治與社會活動所定的目標必須針對著個人幸福，才能讓人對社會的責任是眞實的，並得以用道德力量將責任加諸個人，產生眞實的聯繫，因此社會不是虛構物，社會是讓人實現理想的工具。

　　在當今生活世界中，個人主義與集體主義之爭論看似不再重要，但事實上爭端仍然隱藏於各種軍事、政治與商業衝突的背後，並持續產生驚人的建設與毀滅力量，抽象的哲學理論爭執會顯現在現實生活上，且造成如此大的影響，這在歷史上極爲少見，因此在下一節中我們將進行更深入探究。

　　而在本節中我將先對這個哲學對立的理論基礎－範疇問題做進一步說明。

　　範疇（Categories）指的是各種不同的存有陳述方式，範疇也是存有的各種不同樣態，範疇與判斷的關係密切，陳述就是在判斷中出現，對此亞里斯多德至康德諸多大哲學家都提出類似的看法。將判斷中複雜的陳述和存有樣態加以歸納整理，可以看出有外延小卻內涵大，外延大卻內涵小的兩類區分。而普遍概念（Primary Concepts；Fundamental Concepts）不附屬於更高級的概念成為範疇，是最高類別的基本分類，只有存有觀念在範疇之上，範疇是存有者的原始樣態分享存有。關於存有的相關問題也非常抽象困難，通常是在「存有論」（ontology）中討論，但為求對範疇的意義有更好的掌握，在下段文中提出我認為對存有理論必須有的基本理解[6]。

　　選擇某一種主張導致某一種後果，也就是說，對於「範疇」這一哲學觀念以及從其衍生出的理論主張之選擇，乃是具體呈現於社會發展的樣貌中，其對人類歷史和現在實際生活產生的巨大塑造和影響，實益不待多言。因此存有論所討論的問題與生活世界的關係，絕不能因為存有論的抽象與困難而予以忽視，否則將會是個嚴重的錯誤。在存有論中，「存有」（being）不是動詞而是名詞，任何以某種方式存在之物都是存在的東西，除了存有之外無他物存在。因之人與社會的問題統包含於存有論之中，也只有從存有論才能提出最根本亦最適切的說明。

　　與政治哲學思考直接關聯的存有學問題是範疇問題，在前文中已經提及，在此進一步加以說明。世界的結構由許多的事物構成，這些事物具有不同性質，而且相互之間存在著各式的關係，人之所以能

---

6 哲學家們一直嘗試著成立完整的範疇表，而這已涉入複雜的知識論探討，因為這並非本書處理的要點，因此關於範疇的認識論意義，不在本書中進行更深入的討論，有興趣的讀者可參考拙著《思考的軌跡》，已經對此相關問題做過仔細的探究。

夠認識世界是透過基本範疇。將存在世界內的事物區分成「自立體」
（substances）、「性質」（qualities）和「關係」（relations）三個
範疇，是士林哲學遵循亞里斯多德傳統的基本主張，經過深入思考，
我也認為是極為合宜的主張。

　　雖然「自立體」只能透過性質和關係認識；但「性質」難以捉
摸，以致其是否實際存在遭到質疑；而「關係」以某一方式存在於事
物之間，更不容易理解。但是由於理解到對於範疇是否存在？有幾
種？該如何處理？都會牽涉到所主張的社會之最基本東西為何，要主
張事物與事物之間沒有實際關係，當然與主張事物是關係的聚合、性
質是關係表現的論調不同。這些因對範疇持有不同的概念而產生的分
歧，同樣在終極關懷問題上也會出現對上帝概念的完全不同主張。所
以對於範疇的深入討論更形重要。這也是我認為士林哲學對當代政治
哲學發展最值得繼續努力的方向，因為這種適當調和的主張，才能讓
不同的主張與立場進行真正的對話[7]。

　　「關係」範疇比存有更為根本，關係應當是哲學的分析對象，
能夠認識這點，將能對士林哲學傳統的當代價值有深刻體認。從分析
人類的行為就可以發現，行為必有其目的，而關係影響著進行行為的
判斷，人通過行動獲得欲望滿足，欲望包含了興趣與知識，這些都在
關係之中。從分析結構中看出，有利益才產生出結構，結構與利益之
間的辯證複雜多變，可以一開始就從關係中看出，社會事實上存在著
不同的關係，關係複雜，結構和利益就越發複雜。而人在社會中通過
各種形式的交換，個人特殊性通過關係而具有普遍性，關係隨著不同
的對象與目的有不同的形式，關係涵蓋互為主體的狀態，包括客觀條

7　Ibid.

件、主觀要素與改變的意義。

　　任何人類行爲都是一種關係的活動，了解人的行爲只能由人與自然、人與他人之間的關係下手，理解人即理解其與某種對象的關係。

　　人通過活動處理各種關係，不與任何對象發生關係的主張不是現實的，關係範疇具體指出人的存在。沒有純粹的活動，一切的活動都在關係中進行，活動也必須在關係中才可眞正獲得理解。

　　從分析權力中可以發現，「關係」比「權力」更爲根本，不同的關係會改變權力，產生不同的權力關係，只有在不同的關係條件才能說明權力的不同形式，也才能經由關係改變而改變權力，進而改變應用權力產生的結果。

第五章　士林哲學基本理論與政治哲學

第一節　士林哲學基本觀念

　　在經過前面章節對政治哲學基本觀念的仔細探討之後，即將要進行的工作是，進一步的闡釋在基督宗教中最具有代表性的士林哲學大師們的政治哲學觀點，爲了排除後續的理解障礙，必須重新審視自我的思想基礎，以便加深思考深度，進階之深入探究則待適當機會，在本章中我將嘗試以清楚明瞭的方式呈現士林哲學的基本主張。

　　哲學做爲基礎科學所進行的活動是思辯性的（Speculative），思辯哲學通過最後原因所得的自然知識，由此來理解士林哲學的基本觀念是恰當的，因爲思辯性的哲學著重系統化的研究工作，與強調實踐的人生哲學與意識形態不同；雖然意識形態與人生觀及哲學似乎還是有著一定的相聯，但是在嚴格的意義上不能不有所區分[1]。科學是系統化的知識，通過形成的原因所得到的知識，清楚理解事物之間的關係，以及事物爲什麼必須如此。哲學知識不只包括事實、價值與思想，實際上是指關於所有事物的知識，而這稱爲哲學的物質對象。因此哲學所處理的是最初地位的實體（substance），也尋求實體最穩固的基礎，理解爲何事物之所以如此，也必須是如此的原因，並進一步尋求對所有實有的理解。確實的知識包含了不同領域之人類知識的基礎與綱要，不集中於任何特定領域，是普遍的，雖然哲學的企圖在於窮盡宇宙間所有事物，但這一點與認知「只有上帝能夠知道所有的事，也只有上帝能知道所有的事」並無衝突。

　　哲學將所有的事物歸納至最後的因，以此做爲哲學的形式對象，正因爲如此，哲學也研究「最後因」自身的起因、存在、性質與屬性。將哲學定義爲只是關於最後目的知識是不適當的。眞正的哲

1　本書的第一章中我已對此做過說明，請參見本書前文。

學研究必須回到物質對象的實體，試著去理解物質實體與最後因的關係。

　　哲學所達到的眞理倚賴於人的自然力量和洞察，與基督信仰教導將所有事物的最後原因和關係歸給上帝不同。在基督宗教信仰中相信的是上帝造了所有的事物，事物是對上帝的善之模仿，上帝創造事物最終包含了祂的永恆榮耀，信仰因恩寵而增加，因這是上帝直接揭示的眞理而相信。區分哲學與信仰的不同，士林哲學強調了自然的客觀性，將哲學限制於能由人的自然力量所擁有的知識，沒有特別將上帝的啓示加入，凡必須通過啓示才能獲得的事排除在哲學探索的領域之外，這是對士林哲學性質必須有的基本認識。士林哲學確實產生自士林神學，沒有基督信仰的啓示就沒有士林哲學與神學。

　　西元第二世紀的猶斯定（St. Justin）與第三世紀的奧力眞（Origen）是士林神學的奠基者，而奧古斯丁（St. Augustin）爲以基督信仰的啓示做爲基礎的士林哲學設定了發展原則：基督啓示在信仰中被接受。「人類的理智尋求理解信仰的眞理。」猶斯定揭示的這個目標，不可能沒有進行哲學思辯就達到。

　　在教父哲學時期，亞里斯多德的著作尙未被熟悉，柏拉圖的哲學扮演了重要的角色，在大哲學家們逐步取得亞氏著作的拉丁文譯本之後，因爲亞氏哲學的方法更符合於基督信仰，所以經過一段相當長時間的演變後，亞氏哲學成爲了士林哲學中最重要的部分。奧古斯丁思想提供了驅動力量，讓士林哲學中信仰與理性和諧，而亞里斯多德的哲學豐富了士林哲學的內容。神學與哲學混淆難分，在中世紀思想發展的歷史上非常明顯，即使到波其武斯（Boethius，西元四八〇～五二四年）區分信仰與理智，並在理智上發展自然神學的系統，哲學與神學論述的區分仍屬不易。通過波其武斯對亞里斯多德眾多作品的翻譯，包括「工具論」（Organon）、「範疇」（Categone）、「解

釋」（De Interpretation）和「分析後論」（Analytica Posteriora），尤其是工具論（Organon）或稱邏輯（Logic）對士林哲學的建立，影響最深。

通過亞里斯多德的邏輯學之嚴格應用，士林哲學逐漸發展出定義方法來討論問題，並面對神學與哲學的區分，所使用的方法可以描述爲：首先以沒有歧異與模糊，清楚而精確的陳述論點。其次，對產生爭議的語詞清楚定義，分離它們不同的意義。再者，證明解決的適用並呈現其在系統中的位置。第四，認眞的回答實際的或甚至只是可能的反對論點。最後，盡可能提出並勾勒進一步的結論。

士林哲學（Scholastic Philosophy）之所以亦稱爲「士林」（Scholastic），又可以譯爲「經院」，是因爲其主要是在經院中講授，不出現在政治或法庭辯論中。因此士林哲學努力講求簡潔與精確，雖然對於提出的問題一再區分，但對於普遍主題和個別問題也不會疏漏，在下次問題再被提出之前，論點會從盡可能包含的所有角度提出明確的解決，這種方法是必須把握的士林哲學的精髓。

而亞里斯多德的形上學（Metaphysic）對於士林哲學與神學之建立影響深遠，在基督信仰的啓示下逐一重新檢視亞氏的基礎觀念與原則，在啓示光照下給予終極的確定性，重新定義的亞氏理論，有了精緻化的發展。因爲發展普遍科學是士林哲學的重要傾向，而科學需要的不只是形式原則，也需要確定、絕對和普遍可以應用於任何方面的物質原則；由於亞里斯多德的形上學原則應用，可以在士林哲學中看出所有事物全部相關，都包含著現實與潛能。對於「因果性」、「形式」、「本質」、「主體」和「關係」這些基本觀念，形上學提供所需要的原則和整體框架，哲學整體被形上學所充滿，使其成爲可以被理解及可以被使用。正是因爲其內在的統一性，並提供符合於心靈的需求規則，士林哲學顯露出對思想發展的巨大影響力。

　　與所有其他的科學相同，哲學也有其預設，士林哲學的預設在於必須以常識爲最初的眞理，常識即是那些明顯爲正常人所掌握的知識，針對此點，馬里旦（J. Maritain）的主張最具有代表性[2]。

　　關於常識的眞理，士林哲學認爲一開始思考就必須接受的有以下諸點：

　　1.正常（Normal）與不正常（Abnormal）要有所區分。

　　2.對於眞（True）與假（False）的認識，一些命題爲眞，一些爲假，肯定一些爲眞，一些爲假，這是日常經驗的事實，對於眞假之間的區分，基本上人人都應當意識到。吾人能知道一些確定的事，雖然不是每一件事都可以證明，但總有些是我們不需證明就可以確信，例如：普遍的規律，在任何時空都有效；兩個相互矛盾的事物不能同時爲眞；萬物的起源必有其原因等。

　　3.「我」（I）是實在的，不僅僅是夢，被數不盡的其他存有物（beings）包圍，這些存有物跟「我」一樣實在。

　　4.不是所有的世界的存有物都是同一個性質，例如常識可以確認人與狗乃具有不同性質。

　　5.宇宙有秩序，因此「存有」之存在等級有高有低，例如，就形上學原理而言，人比狗等級更完善，雖然在很多方面狗比人強。

　　6.人是理性動物，而且能夠思考。人也有自由意志可以選擇。

　　7.人心爲求眞所造，尋求眞理是人心不可改變的傾向，人討厭說謊和錯誤，人亦有羞恥，人希望擁有的是確定眞理而不僅是懷疑或意見。

　　8.人的意志是爲求善所造，愛認知到善而討厭邪惡。

2　參考拙著《思考的軌跡》對此問題的仔細論述。

9.人有靈魂與肉體之別，靈魂是獨立的形式，即便與肉體分離，仍然存在。

10.人有死後的生命。

11.有人格神。

12.上帝創造了這個世界，世界的規律與美使人相信必有全能全知的造物者。

13.上帝是被尊崇的造物者，一切皆歸因於祂；沒有祂，我們什麼也不是，這不只是虔誠的想法，而且是明確的眞理。

14.有善與惡，人的行爲有善惡，沒有風俗，國家法可以改變。

15.人都有良心，告訴人行爲何者爲善，何者爲惡。

16.自由行動最終倚靠的是上帝。祂創造人，給予人良心，引領人趨善避惡，只給人這個功能，沒有給動物[3]。

以上這些預設分別屬於形上學、倫理學等範疇之核心命題，從這些預設中可以清楚看出士林哲學對於凡是與基督信仰不能符合之理論的排斥，因爲它要確認的不僅是常識的眞，還包含了對整個基督信仰的確認。而這的確會造成士林哲學做爲眞正哲學的發展困難，但必須只依賴於人的自然能力來質疑最終的眞，不是將物質對象展延到只能通過信仰認識的眞理，而是物質對象既是所有事物，自然可被認知這種眞正的思辨，是以士林哲學做爲基礎的思考者不停面對的挑戰。由於更進一步深入的探索這個問題並不是本書的主軸，因此對於士林哲學基本預設的深入探究、哲學與神學的界線等深奧問題，都留待其他機會再深入討論。

在呈現了士林哲學的基本主張之後，下一節將要進行的工作是對

3　相關資料參考Cotter, A.C. (1909). *ABC of Scholastic Philosophy*. Massachusetts: The Weston College Press.

士林哲學的發展進行歷史性回顧，以方便在下一個章節開始的士林哲學大師們之政治哲學觀點闡釋時，讀者的歷史脈絡能夠更清楚。

第二節　士林哲學發展簡史

　　哲學史上對士林哲學發展有著重要影響的人物，按年代可略分爲：

　　1.在西元前五世紀至西元前一世紀希臘哲學時期，當屬蘇格拉底、柏拉圖與亞里斯多德。

　　2.自西元前一世紀至西元四世紀希臘文化轉移至羅馬發展的這段時期，有新柏拉圖主義與教父哲學。

　　3.自五世紀至十五世紀文藝復興的中世紀時期，則是士林哲學發展的重要時期，其代表人物較多，置於後面章節敘述。

　　文藝復興（十五世紀後半段）之後，在哲學上著重於十七世紀到十八世紀開啓的近代哲學，包含了十八世紀初至一七八九年法國大革命的啓蒙時期，其中理性主義（由笛卡兒、史賓諾莎、萊布尼茲所代表）、經驗主義（由洛克、柏克萊、休謨所代表）、德國觀念論（康德與黑格爾）、孔德的實證主義，以及彌爾的功利主義，都深刻的影響了士林哲學發展，但由於本書並非哲學史，著重要點只在這些哲學對士林發展的影響，因此不擬深入說明這些哲學思想，而是以士林哲學自身的發展爲主要描述重點[4]。

一、希臘哲學時期

　　如前所述，這段時期有著對士林哲學發展具有重要影響的人物：蘇格拉底、柏拉圖與亞里斯多德，其中又以亞里斯多德對士林哲

4　本書關於哲學史與相關歷史資料主要參考B. Russell所著《西方哲學史》History of Western Philosophy與F. Copleston所著《西洋哲學史》A History of Philosophy, V.I.

學的發展影響最大，因此對於亞里斯多德的哲學思想，以及影響亞里斯多德哲學發展甚鉅的蘇格拉底與柏拉圖哲學，將獨立爲專章在第六章中與其政治哲學一起進行說明。

其他對政治哲學具有影響值得一提的哲學思想尚有斯多亞學派（Stoicism）與伊比鳩魯學派（Epicurism）。

二、羅馬時期的哲學發展

西元前一世紀至西元四世紀，因羅馬人開拓疆土的政治影響希臘文化，轉移至羅馬發展，一切文化也移到了羅馬，哲學思想也因之帶到了羅馬。

羅馬人的實際生活著重於政治與法律，因此哲學思想的重心也由知識論轉向倫理學。羅馬成爲西方的政治中心，其政治勢力擴展到埃及與猶太，在耶穌基督降生後所設的教會，也在聖伯多祿宗徒帶領下至羅馬發展。在羅馬，天主教的神學思想與經過羅馬化的希臘哲學思想開始產生了融合。起自猶太宗教的天主教是一神教，其基本規律包括：神的存在與其本質、宇宙的起源、人的義務與權利，皆可以希臘哲學所發展的原理講述。基督信仰具有超越特性，講究仁愛、寬恕、謙讓與犧牲，和羅馬崇尚武力的強權意識原本是對立的，兩者之間慘烈的融合過程長達三百年之久，好戰的羅馬人最終皈依了由天主教所代表的基督信仰。而此爲早期教父哲學與興盛於中世紀的士林哲學發展背景。

對於理解教父哲學特別值得一提的哲學思想，是混合希臘各哲學派別思想的新柏拉圖主義（Neo-Platonism）。新柏拉圖主義受宗教教義的影響而偏向神祕論，以柏拉圖學說爲骨幹，吸取希臘哲學與猶

太宗教教義等各種學理，以增強柏拉圖哲學中關於神性的部分，其思想重點在強調：萬物皆來自造物主，由造物主內流出；人的靈魂回歸造物主。

新柏拉圖主義（Neo-Platonism）中最值得重視的是普羅丁（Plotinus，二○五～二七○），他主張創造主是「太一」，此「一」為絕對超越之物，無形無像，不受任何限制；祂在萬物之內，萬物又不是祂；祂是一切萬物的根源，超越一切萬物之上，是一個最完美的實有。而宇宙萬物是由最高的實有所流出，此即著名的「流溢說」（Theory of emanation），首先流出者為智（Nous）。「智」由「太一」發出，如光由太陽發出，流出之物以距「太一」之遠近而有別，距「太一」近則靈性多，距太一遠則靈性少，最遠者只有物質而無靈性。智的本性是動，由動的智產生「普遍魂」，亦名宇宙魂（World soul）。普遍魂存在於宇宙萬物內，主宰萬物的生活與運動，為宇宙萬物的生命根源，存在動物、植物及人身上。連天體亦由宇宙魂分得其魂。人要高舉心靈回歸來源，藉「默觀」（Meditation）的瞻仰與太一結合，求學問，修德行，淨化心靈，擺脫肉體約束，以理性的哲學思考開始，最後超越思維，透過神魂超拔（Extasis）與創造主合一。普羅丁帶有神祕色彩的哲學，對士林哲學的發展產生了深遠影響，奧古斯丁與方濟學派等，主張以靜默直觀與天主教的思想皆源於此。

關於教父哲學必須理解之相關哲學發展背景，是西方哲學開始於希臘雅典，至羅馬帝國興起，哲學思想的發展重心移到羅馬與亞力山大城。而新柏拉圖主義興起後，思想的重心又從亞力山大城與羅馬回到雅典，哲學思想的發展也逐漸失去創新的能力。在經歷西元五二九年羅馬皇帝猶斯定（Justinus）封閉雅典所有哲學學園，與西元六四○年阿拉伯人占領亞力山大城燒毀圖書館及學校，這兩個歷史事件使

希臘哲學做爲哲學發展重心的角色從此結束。

三、教父哲學

以基督信仰爲宗的羅馬天主教神學思想，在與希臘哲學思想的融合時期，面對各種不同的哲學理論與神學思想，天主教會的學者著書立作，以聖經道理爲根本，用希臘羅馬的辯論方式講解神學，批判異端邪說，講述正確教義，理性配合啓示，以哲學講解神學，這就是教父哲學形成的背景。

教父哲學具有濃厚的宗教性，完全吸收了希臘哲學末期萬物來自造物主、人當回歸造物主的思想，做爲其思想重心，經過初期分別在希臘、亞力山大城與非洲三地片斷與零星的發展，一直到奧古斯丁（St. Augustine），才發展出系統的宗教哲學。因奧古斯丁哲學思想影響士林哲學的發展甚鉅，其學說將獨立爲專章在第七章中與其政治哲學一起進行說明。

初期教父哲學特別值得一提的是士林神學的奠基者：猶斯定（St.Justine）與奧力眞（Origen）。

猶斯定是第一個撰寫護教學（Apologetica）的學者，以哲學的理論爲教會的信仰辯護，將希臘哲學的最高觀念：柏拉圖的「至善」與亞里斯多德「不動的動者」，與希伯來猶太人的至上神「自有者」（Jahweh）結合，用羅馬「神」（Deus）表示之，而「Deus」之希臘文「Ho Theos」是指一有位格的天主，哲學的理性與神學的信仰得以溝通。在將「至善」、「自動者」與「自有者」合一奠定神學性的哲學基礎後，猶斯定也將萬物的起源：柏拉圖的「分享」（Participation）最高的至善、新柏拉圖主義的「流溢」，與希伯來

猶太古經中的「宇宙萬物是由創造主造出來」（Creation），綜合
爲「宇宙萬物是由上主分出來」（Methexis），上主先分出「道」
（Logos），「道」爲神存在的第二階層，萬物分享神的存在分出
宇宙萬物。在萬物中，人分受的最多，精神分受自道，肉體分受自
物質，人同時分受了存在與道。由於猶斯定關於道的思想，與聖經
若望福音相符，理性與信仰合二爲一，哲學與神學都分享神的言語
（Logos），絕無矛盾。

　　關於在亞力山大學城，西元三世紀最值得注意的士林神學奠基
者奧力眞（Origines，一八五～二五五）主張宇宙的太初是神，神
是萬物的根源與秩序的安排者，也是宇宙的推動力。神是永恆、不
變、全能、全知與全善的最高本體。奧力眞以亞里斯多德的「純形
式」（Pure Form）講解希伯來猶太教的上帝，「純形式」沒有形
式（Form）與物質（Matter）之分，沒有潛能（Potential）與現實
（Act）之分，是「純實有」；純實有的本性是動力，能使一切潛能
成爲現實，使質料成爲形體。而「道」由「純形式」所生出，「純形
式」藉著「道」創造萬物，萬物是「純形式」的具體表現，哲學與神
學，理性與信仰應合而爲一。

四、中世紀士林哲學

　　承前文所述，在教父哲學時期，亞里斯多德的著作尙未被熟
悉，柏拉圖的哲學扮演了重要的角色，在大哲學家們逐步取得亞氏著
作的拉丁文譯本之後，因爲亞氏哲學的方法更符合於基督信仰，所以
經過一段相當長時間的演變後，亞氏哲學成爲了士林哲學中最重要的
理論依據。

　　對亞里斯多德作品的翻譯有著重要貢獻，被稱爲中世紀士林哲學之父的波其武斯（Boethius，四八〇～五二四），是了解中世紀士林哲學發展首先必須掌握的哲學思想。

　　波其武斯對士林哲學的貢獻分爲兩部分：第一部分是對亞里斯多德作品的翻譯；第二部分是在區分信仰與理智，發展自然神學系統，分述如下。

　　波其武斯是羅馬人，一生致力於柏拉圖及亞里斯多德的翻譯工作，並試圖將兩大哲學學說合一，波其武斯將希臘哲學中的主要名詞譯成拉丁文，這些基本的哲學觀念與思想，全都被中世紀的哲學家所採用，這是由教父哲學進入中世紀宗教哲學的重要轉折點。波其武斯的自然神學系統重在討論人與世界的關係，認爲眞實的幸福是理性了解宇宙的本質善，邪惡只是表面，強調因果、報應與靈魂不朽。

　　中世紀士林哲學第二個必須掌握的要點是關於中世紀（Medieval Age）時代劃分的政治背景。

　　中世紀起自西元四七六年，北歐日耳曼蠻族（Germanic barbarians）入侵使羅馬帝國滅亡，終結於十五世紀，即一四五三年的文藝復興（Renaissance），經過十個世紀，長達千年之久。

　　黑暗時期亦長達四百年，自五世紀至九世紀，北有日耳曼蠻族侵入使歐洲連年戰爭，社會紊亂，舊有文化遭受空前摧殘，人民失掉現世的保障與安全，心靈轉向宗教，冀望於後世的福樂與永生永存，於是天主教的宗教思想擴大發揚。西元三八〇年後成爲羅馬唯一合法宗教的天主教會，在國家滅亡時承擔了社會的工作，使蠻人接受教育，並由隱修士抄繕保存了古代的學術。這個時代的思想全都是教父哲學的延續。

　　直到九世紀士林哲學展現以理性爲主的樣貌，接納希臘哲學家思想系統化整理並予以發揚的過程，才成爲哲學的新發展主流。士林哲

學自身發展詳細區分爲：九世紀到十二世紀的成熟時期、十三世紀的鼎盛時期，與十四世紀到十七世紀的衰弱時期。以下分述之。

第一，成熟期

西元九世紀到十二世紀是士林哲學的成熟時期，其中代表的哲學家有安塞倫、亞文齊那、亞味羅、亞伯拉德與倫巴德。

（一）被稱爲士林哲學之父的安塞倫（St. Anselmus，一○三三～一一○九），是首先最值得留意的。安塞倫出名的對上帝存在的論證，是一種本體論證明法，把上帝看做一個最高、最眞實之實有，同時也是最完善的實有。人不可能想像再有別的實有，比他更眞實更完善者。而一個最眞實完善的實有，不能只在人的理智內，也應當存在於事物中。最完善的實有在思想內，也在外客觀的存在，否則便不是最眞實的最高完善者。上帝便是最高眞實的完善者，故天主必定存在。安塞倫把知識與信仰合一，信仰在前，知識在後。其採用的方法是以信仰尋求理性，在信仰的指導下尋求知識，信仰是爲了明瞭，信仰的對象是上帝，理性認識的對象也是代表眞理的上帝，信仰與理智尋求同一對象，將由尋求上帝而出現的兩種不同路徑，因對象相同而相合。

（二）在這段時期必須明瞭的還有同一時期阿拉伯哲學的發展，不但在時間上與士林哲學發展重疊，實際上其思想亦對士林哲學產生影響，其中最值得留心的是亞文齊那（Avicenna，九八○～一○三七）與亞味羅（Averroes，一一二六～一一九八）。

1.亞文齊那

最重要的影響是把亞里斯多德的思想介紹進入阿拉伯哲學，這個

工作讓阿拉伯哲學思想更加的邏輯與科學化，而他的百科全書著作以及對共相問題的發現與提供解決方法，都甚爲大亞爾伯、聖多瑪斯與東斯哥德所尊重。

2.亞味羅

　　是西班牙人，東西文化交流首先接觸的就是西班牙，值得重視的是亞味羅對亞里斯多德作品進行譯註，將亞里斯多德的思想帶到西方。亞味羅關於亞里斯多德作品的譯註，是亞氏作品後來拉丁文譯本所依據的阿拉伯文版本。

　　在亞文齊那與亞味羅之後，最值得留意的是亞伯拉德（Petrus Abalardus，一〇七九～一一四二）。

3.亞伯拉德

　　將安塞倫方法進一步發揮，亞伯拉德對中世紀哲學的共相之爭跟隨亞里斯多德「共相在理智內，基礎建立在事物中」立場，採取中庸緩和派路線，主張共相在事物內，藉由共相人與事物聯合，在神的觀念中，共相先於事物，而在人的觀念中，事物先於共相。亞伯拉德主張以辯證的方法緩和理性與信仰的矛盾，在事物沒有明顯的證據以前，人可以懷疑，但如果懷疑一直不能消除，就可採用權威，直到有了辯證則使權威失效。理性與信仰的連接經過懷疑與尋求，人在尋求解決懷疑而得不到結論時，理性便轉向信仰了。人不是用信仰衡量理性，或者用權威消除懷疑，而是用辯論的方法來緩和矛盾。

　　最後值得留意的是匯集教父們主要神學講義，增加哲學理論後所倫巴德（Peter Lombard，逝世於一一六〇年）

4.倫巴德

其四部「教父定論」（Summa Sententiarum）的著作直至十六世紀仍為學院與修道院採用做為教本。

第二，鼎盛時期

十三世紀的士林哲學代表人物的是大亞爾伯〔St. Albert the Great，一一九三～一二八〇）、聖多瑪斯（St. Thomas Aquinas，一二二六～一二七四）與東斯哥德（Duns Scotus，一二六六～一三〇八）。

因聖多瑪斯的哲學思想對士林哲學發展影響甚鉅，因此我將之獨立為專章，在第八章中進行說明。在此只針對這段時期必須掌握的哲學發展要點，包括大亞爾伯及東斯哥德，進行討論經過十二世紀哲學家所奠定的基礎，復加上當時歐洲社會產生了大學陸續成立的學術氣氛，再加上天主教修會的發展與亞里斯多德原著的大量拉丁文翻譯，造就了十三世紀士林哲學蓬勃發展的盛況。

1.大亞爾伯

大亞爾伯與聖多瑪斯是道明會最著名的兩位大學者，大亞爾伯學說在哲學上隨從亞里斯多德，在神學問題上跟隨奧古斯丁。以奧古斯丁的光照（Illumination）為認識的中心，主張「神就是光」，由光產生理智，理智流出感覺界的事物。大亞爾伯綜合柏拉圖、亞里斯多德及亞伯拉德的思想主張：神的觀念先於事物，而人的觀念後於事物。觀念本身在事物中。大亞爾伯的思想雖已逐漸走入亞里斯多德學說，但尚未完全脫離奧古斯丁哲學。而其弟子聖多瑪斯則是發揚了整個士林哲學系統。

2.東斯哥德

　　東斯哥德爲方濟學派的後期領導人，跟隨奧古斯丁思想，主張信仰超越理性，辯證是理性的事，不屬於信仰，許多事理特別是關於神的本性，是人的有限理性不能明白的，只可以內心體會。與聖多瑪斯把理智放在意志之上相對，東斯哥德主張意志凌駕理智，在人的靈性內，意念是完全自由的，意志不需先經理智指示，便可以自動的去愛憎；在理性清楚認識下，意志仍然可以自由的取捨。即使面對完全美好的事物，意志仍可以捨棄，爲此意志有完全的選擇能力。

第三，士林哲學衰微時期

　　第十四世紀到第十七世紀的士林哲學最值得注意的哲學家是歐坎（Ockam，一三〇〇～一三四九）。

1.歐坎所代表的唯名論（Nominalist）

　　對於共相之爭，歐坎將共相（Universal）視爲主觀的記號，只代表外在的單獨事物，在事物裡無共相，因爲只有具體與個別事物才是眞實的存在，抽象與普遍的共相只存在於人的思維中，觀念只能代表思想，不能代表客體。共相只是主體給的「名詞」，否認共相與事物間的關聯，就是否認認識的抽象作用，也等於否定形上學，只強調直觀。因爲人的理性之光非常薄弱，根本不能證明深奧的道理；唯有以意志之力，才能相信那些理性無法證明的東西。理性的功能有限，所以求得的知識也有限；相反的，意志的功能無限，意志所信仰的啓示眞理無限。

　　歐坎否認抽象作用及概念的普遍性，認爲共相與實際事物沒有關聯，只是一個名稱而已。實際存在的事物雖然是具體而個別的，但因

具有共同的本質而成爲普遍概念的基礎。歐坎還主張知識的作用應與
自然科學一般，以具體事物爲對象，理智的全部功能局限於感性直觀
上，理智認識的範圍縮小，不能認識存有，只認識存有在思想中的名
稱。歐坎以邏輯概念做爲分析批判工具，而神是絕對無限存有，人的
理智是有限存有的認識工具，在有限無限之間只能以類比方式推知，
若純以邏輯做爲神學基礎，神學的對象「神」將成爲人的理智對象，
或完全不可知的「思想中的思想」，如此一來，哲學將與神學分開，
也與宗教脫離關係[5]。

在這個階段的士林哲學發展另一個值得注意的哲學家則是蘇亞雷
（Suarez F., 一五四八～一六一七）。

2.蘇亞雷

是西班牙人，耶穌會士，最值得重視的是他對於士林哲學中各種
不同觀點統一基礎的保存，並將中世紀士林哲學與現代哲學相連。他
對於過去士林哲學中幾乎各種論點進行批派性的審視並予以系統化，
獲得相當程度的成功，這使他所扮演的折衷者角色不僅只是折衷，更
有深遠的貢獻。

西元一四五三年，以土耳其占領君士坦丁堡爲標記，結束西方的
中世紀時期，進入近代史時期，哲學的發展進入到一般哲學史中多數
人討論的範圍。如前所述，由於本書並非哲學史，只著重在士林哲學
自身的發展。至於近代哲學中理性主義、經驗主義、德國觀念論、實
證主義以及功利主義，對之後士林哲學發展的影響，將在第九章討論
到新士林哲學發展時再做深入討論。

---

5 參考拙著《思考的軌跡》對此問題的仔細論述。

第六章　亞里斯多德的政治哲學

第一節　影響亞里斯多德政治哲學發展的基本主張

　　在討論亞氏政治哲學之前，首先要釐清其理論的基本觀念。由於政治哲學並非其哲學全貌，而且也為了不讓主要的政治哲學討論目的失焦，因此筆者只針對其哲學的關鍵內容提出說明[1]。

　　在認識論方面，亞里斯多德對於先蘇時期哲學家的不同意見進行綜合性的處理，將認識區分為感覺認識與理智認識兩種。與蘇格拉底（Socrates，西元前四七〇〜三九七）以「理智認識才是真知識」，否定普羅塔哥拉斯（Protagoras）的「感覺即認識」主張不同。

　　蘇格拉底認為在感覺認識之後，還有理智的認識能力，感覺對同一事物有不同甚至會有相反意見，但理智認識可藉抽象的功能，找出普遍而絕對的真，做為永恆不變的真理，蘇氏將此普遍性真實稱為「共相」，而且更進一步主張理智的普遍性對象即為絕對真理，世間有絕對的客觀真理存在，藉著理智功能被認識，真理是事物現象後的共同原理。之後再把普遍性引用到道德上，認為雖然每個人對於道德能夠有不同意見，但理智所認識的乃是普遍道德律，此普遍道德律是絕對不變的真理。蘇氏的認識論與關於道德的主張，深刻的影響了他的學生柏拉圖（Plato，西元前四三〇〜三四七)與做為柏拉圖得意門生的亞里斯多德。

　　亞氏認為人的認識是由感覺開始，感覺的對象是自然界中有形、具體、單獨與偶有的事物，人的想像與記憶保留有由感覺認識的事物之具體印象，感覺這種官能的認識與動物相同。人除了感覺認識外還有高等認識能力——理智。理智的抽象作用能從感覺所得的事物

1　本書關於亞里斯多德的哲學與相關歷史，主要參考Russell B.所著*History of Western Philosophy*與Copleston F.所著*A History of Philosophy, V.I.*

印象中、從具體事物中排除單獨性與偶有性，抽取並存留該種類事物的普遍共同性，抽出在事物內超出感覺的實有，此理智的共同性便是觀念。

亞里斯多德反對柏拉圖的觀念世界，不認為觀念先於實體獨立而存在。亞里斯多德主張宇宙萬物存在觀念內。柏拉圖的觀念論將人認識的對象分為兩種世界：一、觀念世界，認識對象為實有，觀念性的理智認識是真實、絕對與恆常不變；二、物質世界，認識對象為物質，而物質性的感覺認識是相對的。觀念是世界中事物之所以為如此的模型。感覺只認識轉變中的事物現象，不可做為事物認識的確定真理，而真正的認識是認識變動中不變動的實有。物質世界的事物是觀念世界的影像，對現象的認識不是真認識，只能是意見（opinion）。理智藉直觀能力獲得對觀念世界的認識，此認識才是真實的。而由於人是靈魂與肉身結合，因此人在現世所得的知識不是新知識只是回憶，是對靈魂與肉身結合之前在觀念世界所看到各種實有的回憶，靈魂因過受罰與肉體結合，因此在現世的認識是藉普遍觀念來將記憶喚回。感覺認識只是認識變化無常事物的假相，非真的認識。理性認識才是真的認識，認識永恆不變的實在才獲得真的知識，此即為真理的確定價值，而此真理只存在於觀念的模型中，這也是柏拉圖被視為觀念論（Idealism）代表的真正原因。

而亞氏認為觀念在於事物中，來自人的感覺，也存在理智中。理智藉感官的感覺作用，從事物中抽出普遍實有，而此實有便是理智所認識的共相觀念（Universal Idea）。亞氏認識論的綜合主張，先有感覺具體實際經驗，再由理智追究真理，而後以理智求出的真理做為原則，去理解同種類內的個體事物，此即一般所稱的歸納演繹法。

蘇格拉底由認識論發展到倫理學主張，透過柏拉圖影響了亞里斯多德，柏拉圖本人所代表的觀念論更是對亞里斯多德的倫理學與政治學產生直接的影響，在下一節中我將進一步說明。

第二節　亞里斯多德的政治哲學基本主張

　　政治學成為一門科學是自亞里斯多德開始，柏拉圖沒有把政治學與倫理學劃分開，他認為思考如何建造理想國家，也就是如何塑造人的完美德行，所以政治學其實也就等於倫理學。亞里斯多德將政治學與倫理學分開，但是政治學所依循的原則和倫理學的原理則並未分開，亞氏的倫理學原則更在政治學中做了進一步的發揮，以下先針對亞氏的倫理學說進行說明[2]。

一、倫理學的核心論點

　　亞氏的倫理思想主要可見於《歐第米安》（*Eudemian Ethics*）、《宜高邁》（*Nicomachean Ethics*）與《政治學》（*Politics*）三本著作。單就倫理思想而言，以《宜高邁》最有系統，亞氏的倫理學說對後世倫理思想產生很大的影響[3]。

　　亞氏綜合了先蘇時期各個家派、蘇格拉底與柏拉圖的主張，發展出自己的系統。與前人一樣，亞氏主張幸福為人生的目的，但這種幸福只能從人的特殊行動中找到，必須是在符合理性的行動中。而符合理性的行動就等於符合道德的行動，促使人的某一特定官能完美的各

2　本書關於亞里斯多德的政治哲學論點主要來自其著名作品《政治學》一書，相關論點亦參考了 Magill F.所編 World Philosophy V.I. p. 329-410。本書由相對獨立的八卷構成，大多數學者認為作者從未想到把它當做一部完成的作品，對現存此書的排列次序存在著爭議。
3　關於亞里斯多德的倫理學相關論點，主要參考了曾仰如著（1985）。《倫理哲學》。臺北：商務。

種德行。他把德行分爲兩類：理性之德行與倫理之德行（Intellectual and Moral Virtues）。而理性德行又分爲五種（藝術、學問、直覺、推理與實踐智慧）以符合五個理性功能，促使功能趨向完美。在倫理德行上，討論與倫理德行相反的罪惡，並指出每種德行最需依循的「中庸」原則，「過」與「不及」都是缺德或惡，凡德行都是兩種極端之中庸。人的一切行爲、思想及感情，都應採取兩極端的中和，不可太過，亦不可不及，人生能如此便是快樂幸福與良善的，也才合於道德。而在國家中亦以中庸爲政治最高標準，他設計的混合政體之主張就是中庸原則的展現。國家所追求的最高目的是使人過著一種道德的美好生活。

　　亞氏認爲群居傾向是天生的，關於維持群居生活所需要的德行「正義」與「友誼」，亞氏有著詳細討論。而對於「享受」（Pleasure）則採取折衷原則，一方面不贊成所有享受都是好的，另一方面也不同意所有享受均是壞的。分辨享受之好處必須完全以行爲之善惡爲標準，而理智爲人的最高與最重要的官能，人的幸福只能在有少許物質、健康、友誼與享受的理性沉思生活中找到。亞氏的這種倫理主張對其後之基督教倫理思想有深刻的影響。

　　亞氏與蘇格拉底和柏拉圖不同，蘇氏分析善、正當、正義與德行的意義並給予這些觀念標準。柏氏想從永恆的觀念中找到答案，主張觀念是一切的根源，以分享觀念之多寡來衡量物的眞假程度。

　　「善」對柏拉圖而言是至善觀念的分享，是所有價值判斷的標準。行爲之正當與否、法律之公道與否、人之好壞與否，全視於此理想模型之符合與否。

　　亞氏則從生物、心理及政治等科學的探討中踏實的尋求答案。

　　對亞氏而言，「善」指人自然傾向的目的之獲得。人的幸福在於自然欲望合理與平衡滿足。正當的行爲、法律公道與善良的傾向，都

是達到個人完美與尋求社會福祉的方法。而蘇格拉底、柏拉圖、亞里斯多德三人都同意個人善與社會善的合一，所有倫理觀念全視此善能否獲得。

不過，亞氏不贊成柏氏跟隨蘇氏主張「無人故意為惡」的觀念，認為任何罪惡都由於理性的過錯。亞氏認為罪惡起源於錯誤的判斷（實踐理性行為）與意志的錯誤選擇，人有時可以故意為惡，因為他能做明知是不法的事，理性之事充其量只是罪惡的遠因，其近因則是意志的錯誤選擇。

亞里斯多德的倫理思想與基督教教義很接近，因此中世紀的哲學家能以亞氏的思想發揚基督倫理思想，強調人神關係、個人超越地位與內在價值、愛德、正直、謙虛、神貧、仁慈等《新約‧聖經》中耶穌的訓誡。強調以短暫的今生換取永恆的來世，以入世求出世，以現世的磨練求來生之真福樂的思想。

上述亞里斯多德的倫理學觀點乃是掌握基督宗教政治哲學第一個必須把握的要點，以下將開始闡述亞里斯多德的政治哲學學說。

二、關於國家

亞里斯多德強調政治生活的重要地位，認為國家像其他任何自然實體一樣，實體本質可以按其目的來理解，社會由人類天性自然形成，因此人天生是一種政治的動物[4]。人類天性具有社會性，有與他人結合的衝動，國家因為這種本能衝動產生，其他諸如經濟利益等因

---

4 同註1。

素雖然也對國家發生作用，但已結合的組織不易破壞，而且是在國家社會後產生，並不是組織國家的眞正動機。在《政治學》一書中，亞里斯多德對實際存在的國家描述與他理想中的社會結合，進而主張只有先對國家建立之目的和一般實體一樣有具體的了解，才能確定具有做爲公民的本質。

人類社會先是兩性結合的家庭繁衍種族，然家庭互助不能滿足人類要求，於是結合若干家庭爲部落，再進一步聯合若干部落而爲城邦國家，城邦國家組成後通過有效的分工合作產生互通有無的市場、寺廟、法庭等組織。人類最初的社會結合生活，係基於生活要求，進而產生更完美生活的要求，而國家就是人類社會進化發展上最重要、最高級與最完美的階段。

有了國家，則具備了追求美好生活的客觀條件，人類即可運用才智，在國家範圍內追求美滿的共同生活之實現。人性中所含獸性若運用其不正當智力，則會變成最下流野蠻的動物。所以人的美德需藉社會之管制力而表現。人在群居中藉語言激發知識進步，而知識給事物秩序，由於秩序才有文明，個人在有秩序的國家中，才有發展機會。國家產生後，人類順應天性生活於其中並做爲公民。國家與個人的關係，就如身體與手足，人不能既順其天性卻又不成爲國家的公民。

國家成立後可包括其他較低級的社會組合在內，家庭及部落因國家幫助與監督而更形完美，經過國家的統治使家庭間的正義與公理得到調和，國家並以法律保障人的權利與義務。因此國家是包括一切社會的最高組合，「善」爲一切社會組織追求的目標，國家追求的乃是最高的善，因爲在安居樂業的經濟利益及生活安定外，還必須有道德意義，國家不僅是以道德結合的團體，也必須是以道德爲目的的團體，國家要使人民能夠培養完善的道德，擁有健全的身心，使人從根本無害人之心，所以國家的目的就是在使人成爲有德行的個人，因這

個目的，國家也就成爲了道德團體，由此可以清楚的看出國家與其他
社會型式在性質上的根本差異。也因此，亞里斯多德將政治生活視爲
促進做爲社會成員的人道德進步的重要手段，國家在邏輯上雖然先於
個人，但更重的是要理解國家的目的在於產生人類最高的善，這是亞
里斯多德以倫理學說做爲政治哲學前提的重要主張，亞氏認爲主要的
問題不在人是否將按照政治準則行動，相反的，行爲是否恰當是因爲
行動符合了人的本質。

　　因此亞里斯多德進一步以人類政治活動的自然基礎說明對公民
的教育問題，他認爲學習是由本性、習慣和理性所引導，而教育可以
改變人的天賦能力，影響習慣和理性，而習慣和理性的改變，將可指
導人的目標選擇和行爲。亞里斯多德關於人的道德能力預設對其政治
哲學有著很深的影響，道德與理智相互依存，道德美德是通過學習得
來，是產生於習慣的行爲。具有道德美德的人依照中道而行爲，也因
爲要以中道而行，因此要對決定行爲的特定條件謹愼判斷。而政治活
動即爲人的道德活動範圍，因此做爲政治動物的人，在必須與他人交
往的生活中關心國家的公共事務。眞正擁有幸福的人按特定的比例享
有外在的善，包括：肉體善和靈魂善。所有其他的善都是靈魂的善必
要和可享用的工具，個人和國家則需要充分的外在的善，才能追求美
德和幸福。教育將使國家長存，公民先從學習服從開始，便於知道將
來如何進行統治，所以國家的立法機構負有對公民的教育責任，教育
的目的在於造就善良的人，人的一切能力應得到全面發展，而且要有
健康身體才能努力實踐和思考。人雖然同時具有發號與服從命令的兩
種能力，除了國家以外的其他社會中，人總是同時面對兩種關係，最
常見的是在家庭中，常需要同時發號施令與服從命令，這會使人的性
格有所偏差，而在國家中只有一種單純而高尙的關係，當人擔任某一
職位，每個人都能發號施令；但是一旦去職，只能服從，這對個人性

格健全發展有很大幫助。

　　亞里斯多德當然也意識到培育好公民的複雜因素，現實的國家有不同類型，壞國家中也有好公民。壞國家與具有道德美德的好公民所產生的行為毫不相干，為此亞里斯多德建立了理想的國家所需要的條件，但同時亞氏也承認現實存在的國家所追求的目的在實現公民權利和義務，不盡然能符合於道德要求，因此他對現實存在的政治體制和理想政治體制所進行的描述和分類，相較於柏拉圖在《國家篇》中的烏托邦計畫來得精確又實際，因此也對後世的政治學說有著重大影響[5]。

三、關於政治體制

　　亞氏對政治體制的分類，是從希臘時期的各種政治體制變動中歸納與分析中求出，對於後世政治理論的發展有著重要的影響，而且亞氏又將強調中庸的倫理原理應用於其中，創造出平淡卻充滿智慧的分析。通過對柏拉圖的批判，亞里斯多德建立其對各種政治體制的理論。對於柏拉圖取消私有財產，鼓吹包括妻兒都公有的社會，亞里斯多德認為就其目的和主張的方法都是錯誤的，柏拉圖的政治思想錯誤地追求不可能的理想，其主張不但永遠不能夠指導國家所需，還會增加國家發生衝突的機會。多樣性是自然法則，事物各不相同。政治哲學主張必須以這個事實做基礎，不能將理論建立在不可改變的事實之上，也絕不能在倫理學討論上訴求於不存在的更大確定性。

5　Ibid.

　　因此亞里斯多德在有生之年對於當時的各種政體進行研究，他不只是進行了政治生活的經驗描述，更進一步深入的分析了各種政治體制。由於他的分析對後世相關的政治理論有著很大的影響，因此對他的分析方式略做說明[6]。第一步亞氏先從最高權力集中於誰入手，再用是否顧及國家之所以存在的目的，以及是否爲多數人謀福利作爲判準，將政體分爲純正與腐化。

　　1.純正政體，如最高權在一人爲君主政體（Royalty）。

　　2.在少數人爲貴族政體（Aristocracy）。

　　3.在多數人便是立憲的民主政體（Polity）。

　　4.相對在腐化政體中，分暴君政體（Tyranny）、寡頭或財閥政體（Oligarchy）及暴民式的民主政體（Democracy）。

　　相較柏拉圖以有無法治爲劃分原則，亞里斯多德以是否合乎國家目的較爲切合實際。腐化政體中能有法律，卻是不公平表面上的法治。法律效力只在多數人自動遵守時始有效，即法律要與多數人的道德習慣一致。每種政體，均有特徵：即自由（Liberty）、道德（Virtue）、財富（Wealth）及身世（Birth）。各種政治體制是此四特徵的原則變化，自由與平等是相同的名詞，凡主張自由平等是爲民主政體，以道德爲重[7]，以下分述各優缺點。

1.君主政體

　　重道德的君主政體是一種最理想的政體。要產生一位既有過人能力，又有超人道德的君主，極爲困難，而且一個人的道德不能與多數人民的道德相等。一個人較多數人容易腐化，多數人則互有牽制；一

6　Ibid.

7　Ibid.

個人的德行不可能超過一切人，在君主政體之下事實仍是少數人的統治，所以君主政體等於是不存在。

2.暴君政體

暴君政體卻常常可見，暴君使用武力統治，並施以恐怖高壓手段，君主所希望的道德榮譽，在暴君身上只看到貪求財富權力。貴族壓制人民，嫉恨賢才，不重教育，反對公共集會，用密探監控人民，使人民窮困，以發動大工程供彼驅使，製造戰爭使人民效命疆場，得以阻止革命，是最不合理、最惡劣的政體。

3.貴族政體

貴族政體也是以道德為重的理想，即使是由少數統治者組成，也不可能使統治集團中人人都是聖賢，這在現實環境中是難以實現的。事實上常見的卻是財閥政體，只講求財富，政權為少數豪門所把持。

4.財閥政體

不管何種財閥政體，官吏人選均有財產限制，只有少數人能為所用，一切行政措施完全以獲得多少財富做決定，統治者追求升官發財滿足私欲，這種政體是不能持久的，因為統治者私人及整個國家都在要求財富增加，當國民所得隨之俱增，官吏不再是少數人專利，激起了變化，演變成民主政體。

5.民主政體

民主政體通常由反對財閥政體而生，貪愛財富的統治者人數不繼，下層人民勢力逐漸增大發動革命，建立民主政治。純正的民主政

體，是立憲民主政體，注重自由平等與私人財產，由選舉方式產生官吏，雖然仍有財產標準，非人人有機會任官，不過一國中占多數之平民仍為最高權力的掌握者，而平民各有其工作，實際政治執行工作仍在官吏手中，因此仍有貴族意味。腐化的民主政體是一種暴民政體，特別注重自由平等；一切公民皆有選舉權與被選舉權，國家用種種方法籌措經費以維持公民的生活，使人人得以參加政治活動；一切國事取決於公民大會，公民決議替代法律，在極端的民主國家中，等於無法律，即使有也形同虛設，人民生活無序。

　　這種政體名為民主實為專制，人民思想浮淺，常為善於煽動的野心家所操縱。

　　民主政體的缺點在於過分強調自由平等，財閥政體的錯誤是認為收入的多寡可做為才智與德行的比例。真正才德之士的收入應該既非過多亦不太少。一國中必有貧富兩種人，亞里斯多德認為，這兩種主張自由平等與偏重財富的主張如果能在政體中採取中庸之道，便可調和這種爭端。由中產階級執政，可調節貧富衝突。富人狂妄傲慢，窮人無賴卑賤，自暴自棄，缺乏發號施令的能力。惟中產階級能自食其力，既無自甘墮落之奴性，亦無奪權之野心，與貧富之間都不致仇視，可保有友誼。

　　以中產階級為重心的政體，能夠維持平衡，是亞里斯多德認為的良好立憲民主政體，是兼有自由與財富特徵的一種混合政體。他說：「凡一國公民如為中產階級所構成者，實為最良好之政治社會，而其國家亦即因此而易於治理[8]。」一國中如中產階級占大多數，必能長治久安。

　　亞里斯多德思想中另一種良好政體是較富有貴族色彩的，除了

8 Ibid.

注重自由與財產外，並將貴族政體的道德特徵融合其中的混合政體。官吏公開自由選舉，當選者有財產及道德普遍適宜條件，既民主又貴族；公民有選舉權，但官職保留給才智之士，政治方針由人民決定，然政治執行由專家負責。兼具有各種政體的優點，是最能顧及國家目的、謀求全體福利的政體。

持實在論觀點的亞里斯多德對於現實世界的觀察極為敏銳，因此亞氏又認為，在特殊環境中，何種政體最好應視其能否適應環境而定，只要一個政體獲得擁護的人多，能維持安定秩序便是好政體。財閥政體如能運用金錢使政府穩固與國家安定亦未嘗不可。

亞里斯多德充分地意識到國家需要連續性和穩定性，然而所有的政治制度都受劇烈變革的左右，一旦現存的政府形式不能實現正義和平等這兩個目標，就構成了爆發革命的條件。無論在什麼國家形式中，當平等和不平等不能達到平衡時，諸多黨派會為了使自身的利益充分地實現而鼓吹革命，而且倡議叛逆最具影響力的是那些道德操行突出、本質上不願意參加叛亂的人。叛亂者普遍的感情態度、具體目標與直接原因，在所有的革命中通常都是對平等的期望，希望獲得平等就會導致叛亂，叛亂的動機則常是對利益和榮譽的期望，或對恥辱和損失的畏懼。在不同體制導致革命的原因，亞里斯多德分析，民主體制常由領導人鼓勵而進入革命時代；寡頭體制的革命則起自對人民的嚴厲鎮壓和寡頭間的政爭；貴族體制中則當只有極少數人享有榮譽時會產生革命；立憲國家中則在憲法本身缺乏正義時便會出現革命；溫和民主制比較起來通常具有最大的穩定性[9]。亞里斯多德認為，國家制度要能夠持久，穩定的國家要符合於中道，系統地維護現存法律與服從法律。現實存在的國家中，執政者必須忠於憲法，必須具有高

9　Ibid.

水準的管理能力，表現出他的特殊地位所要求的美德。

如前所述，亞里斯多德與柏拉圖同樣均以一國最高權屬於何者，做爲政體分類的原則，亞里斯多德討論國家時常用到「全權」（Plenary Power）與「最後權」（Ultimate Power）或「最高權」，即爲後世的「主權」（Sovereignty）觀念。亞里斯多德雖然有時認爲政府的某個機關具有完全的最後權力，但他最值得注意的是對於人民政權的分析，他認爲的政權即人民的選舉與監督權，是一國之最後最高權，有著人民主權的意義。雅典的民主政治是直接民權。在亞里斯多德看來，每個人享有政權，不見得人人必須實際的參與政治，實際的政治工作仍應由少數官吏負責，只要對官吏之產生利用選舉權予以控制，並且在產生後加以監督，這樣人民就已經握有政權，就是民主政治。我們由此可以看出，亞里斯多德在兩千多年前就指明了間接民權的意義何在。

一國最後權於何處與運用方式決定於憲法，國家必須要先有基本的憲法，然後根據憲法再制定各種詳細的法律條文及命令，規定政體形式，政府基本組織的影響不可謂不大。憲法不僅是公民組合的構圖，更決定了一國人民生活的方式，政體形式及政府組織，即一國人民所欲採取生活方式的顯示。

國家藉政府形式的存在而存在，憲法一旦改變，即表示一個新國家產生而非繼續，最後權隨國家消逝與再生。亞里斯多德認爲政府性質即爲國家性質，國家、政府、憲法、法律一致，皆應與人民群居的目的不可分。新國家的政府對往日舊政府所訂契約沒有履行義務，主權屬於國家，政府不能享有主權，政府變更不應影響主權之存在[10]。

---

10 Ibid.

四、亞里斯多德政治哲學的基本精神

　　亞氏認爲國家與其他實體一樣，本質可以按目的來理解，因此他強調政治生活的重要性，只有對國家建立的目的有所了解，才能確定其做爲公民的本質何在。而政治生活也同樣被視爲做爲其成員道德的重要工具。國家重於個人，目的在產生最高的善；是否按照政治原則，比不上是否依照善的原則而行動來得重要。

　　亞里斯多德建基於常識的政治哲學主張，一旦統治的目的在原則上被理解，任何國家都會需要政治家的實踐藝術，因爲政治統治是把對原則的認識運用於具體的情況，因此統治藝術超出了科學性判斷可控制的範圍。每種國家形式都會變化也會產生革命，而任何政治制度都必須適應地理和文化環境，因爲政治必須在固定的環境中運轉。

　　亞里斯多德強調國家在道德上的正當性，以及各種類型的國家存在的必然性。並以常識做爲政治哲學的基礎。由於認知到不可能存在指導政治家做出正確判斷的藍圖，在政治事件迫使人在思考政治事務的時點，人們通常尋求的是穩健；亞里斯多德的政治哲學正是出於這種事實要求的最佳典範[11]。

---

11 Ibid.

第七章　奧古斯丁的政治哲學

第一節　影響奧古斯丁政治哲學發展的歷史與其哲學基本主張

　　亞里斯多德之後，西方世界政治發生劇烈變化，希臘文明在羅馬帝國的征服兼併之下，成爲其中一部分。失去參政權的人們不再關心如何創造一個好的國家，轉而追求個人美滿生活。大帝國一方面使得各個民族文化的融合問題形成共識，產生了世界主義（Cosmopditarism），是爲此時期斯多亞學派與基督教這方面思想興起的背景；另一方面也因爲公民的參與消失，每個人只注重個人而沒有國家，個人成了價值中心，這形成了個人主義之誕生[1]。

　　在亞里斯多德之後到奧古斯丁之前的這段時期，除了前面章節所提及教父哲學的發展之外，尚有兩個對於後世影響甚深的哲學家派值得一提：

　　一個是伊比鳩魯（Epicurus，西元前三四二～二七〇）所代表的快樂主義，二是繼承犬儒學派（Cynics）的斯多亞學派（Stoics）[2]。

　　伊比鳩魯接受先蘇時期的原子論學說與享樂主義學說，發展出以「享樂」爲人生至福的倫理觀。所謂「享樂」，意指身體方面沒有痛苦，心靈無煩惱，所以應該避免放蕩的生活。心靈寧靜可以專務眞理的追求。德行進修對幸福生活不可缺少。其政治主張深刻影響後世功利主義的發展，人天性自私，都在追求自己的快樂，此即人類的共同目的；社會的習俗與制度，除了助人尋求快樂外，沒有其他意義，快樂之外沒有其他道德。而因爲每個人的好生活，都可能爲同樣追求自私的他人所侵害，所以人類才相互協議不侵犯他人，亦不爲他人所侵

1　本書關於奧古斯丁的哲學與相關歷史，主要參考Russell B.所著*History of Western Philosophy*與Copleston F.所著*A History of Philosophy, V.II.*
2　Ibid.

犯，以維護自己的權益，進而尊重他人權益，於是才有國家與法律形成。其作用只在保障個人安全，是使人們得以互相交往的一種利便契約，沒有契約便沒有正義公道。這種主張開了後世契約論的先河，影響不可日不大。而其原子論主張更是後世個人主義建立價值中心的思想根源。人的幸福在於過符合德行的生活，這種生活是按照人的本性而活，本性包括人的理性與建立宇宙秩序自然律。因此人欲獲得幸福就必須修德，也不應對俗事太關心，擺脫情緒牽連，了解並接受自己在宇宙中的地位與任務[3]。

　　斯多亞學派對後世的影響主要展現在自然法與平等主義上。自然法是人們應當遵從神的律法，這是神給予人的責任與義務。個人之職責在盡力扮演神要他扮演的角色，皈依自然，遵從神意旨的生活就是理性生活，這是普遍於世界的自然法則。這超乎個人正義，是對宇宙理性與德行善的信賴所產生的平靜心境，這會形成普遍的社會道德力量。自然法為後世政治思想發展的主要理論，在斯多亞學派看來，自然法是物理之必然，之後羅馬視自然法為萬國皆適用的原則，基督教則視自然法為理性之應然，十七與十八世紀學者將自然法當做自古已然的道理，並將自然法發展為自然權利，做為革命思想的基礎[4]。

　　在自然法觀念下所產生的世界主義思想，影響之後國際法的誕生。世界各國固然各有單獨法，或因習俗不同而互有差異，但都必須合乎理性，因為人類最終還是必須遵守世界性的自然法，任何地區的正義原則永遠不變，所有人類應一律遵守，因其來自更大的權威，斯多亞學派之普遍法律觀念，在羅馬的萬民法以及日後的國際法都具體的呈現。而人類同為理性動物，同樣在自然法下生活，所以無貴賤之

3　Ibid.
4　Ibid.

分，權利與義務相同，凡能以理性生活、了解自然法，便可得到幸福快樂。

這種平等主義，產生出了人道與和平觀念，深刻影響羅馬的立法精神與基督教教會組織的發展。此為掌握斯多亞學派不可不知的要點[5]。

羅馬人最重要的貢獻，在政治上是對羅馬法的訂定。至今仍然是歐洲各國立法藍本的羅馬法，影響了後世對人民權利與主權的確立。羅馬法是在自然法的法理觀念支配下所形成的法律，其內容及精神對以後的貢獻及影響甚大。羅馬法律認為司法是國家組織的一部分，分辨公義的工作不屬於政治而是屬於法律，這是一個觀念上的進步。羅馬法在私法方面，對親屬關係與財產權利詳盡規定，表示注重人民之權利，在自然法之下人人平等，各有其自然權利，所以人為法更應當予人平等，因此法律之前，人人平等，人各有權利，非國家法律所賦予，乃人所固有，國家不可剝奪人民應享的權利，如遭侵犯權利，人民便可以革命推翻政權。而權利是契約的基礎，人必須先有自由平等的權利才能有契約[6]。

在劇烈變化的西方世界政治裡，另一個人類文明史上的重大轉變是基督教成為羅馬帝國國教的這段歷史。起自西亞巴勒斯坦的基督教，由耶穌基督所定的教義，主要講授的是個人的精神生活超越現世、重視未來，講愛神與愛人，與當時為羅馬主流的斯多亞思想尊重自然法和人類平等的觀念相通。對於現實政治，在〈約翰福音〉十八章三十六節中說：「我的國不屬於這個世界。」在〈馬太福音〉二十二章二十一節表示：「凱撒的當還給凱撒，上帝的還給上帝。」

5　Ibid.
6　Ibid.

在這看似與現實妥協中堅強的表明立場，使之後的教會能在國家之外，有權管轄人類精神生活，是政教二元的起點，對政治發展具有極大的影響[7]。

耶穌被釘上十字架受難後，基督教會的發展益形擴大，羅馬政府的迫害也更加嚴厲，使徒聖彼得（St. Peter）與聖保羅（St. Paul）妥協主張服從政府，以維持宗教存在；主張在位者即使失職也自有上帝做最後的裁判，塵世間短暫的災難不足為慮，政府因此有了神聖性質，此為中世紀重要的思想「君權神授說」（The Divine right of kings）之來源。三百多年之後，基督教經歷前期的壓迫，到最後成為羅馬唯一合法宗教，內在原因是基督教義與羅馬主流思想斯多亞學派相合，羅馬帝國就是個世界城邦，擴展幫助了使徒們在各地宣傳福音。斯多亞之偏重於抽象的思想，必須是有智識的人才能領悟，而基督教主張的上帝及天堂，易使一般人接受。外在原因是蠻族入侵，人民生活痛苦，基督教的博愛精神與死後的天國，給予精神上的依賴與寄託。漸趨腐化的羅馬帝國之帝國權威與統治力大為銳減，西元四一〇年西哥德人攻占羅馬，洗劫三日，是最終促使帝國走向衰亡的直接原因。

西元三一三年，羅馬皇帝君士坦丁（Gonstantine，三〇六～三三七）頒下「米蘭敕令」（The Edict of Milan），不再迫害基督教，至三三七年，皇帝自己亦受洗為基督徒。至狄奧多西皇帝（Theodosius，三七九～三九五）更正式使基督教真正成為羅馬國教，基督教成了羅馬唯一合法的宗教，教會組織益形擴張。教堂原本只在大城市，逐漸遍設各地並且互相統屬，地位高低則視其地區的大

7 Ibid.

小重要而定；羅馬成爲教皇的所在地，各地教會組織嚴密，仿照羅馬帝國行政區域劃分省區和教區，在實際政治上也獲得了許多權利[8]。

　　基督教被承認爲國教後的兩個世紀，米蘭大主教聖安波路斯（ST. Ambrose of Milan，三四〇～三九七）爲教會爭取在精神方面有獨立權。他認爲在精神事務上，教會對所有的教徒，包括君王在內，皆有管轄權，因爲君王一如其他教徒，同爲上帝的兒女。皇帝的威權，只能及於世俗的財產，因此教會的土地固可由皇帝管轄，然而教會的教堂用於神聖事業，皇帝不能管轄，舉凡一切神聖事物，都不受皇帝權力統治，教會對於其權利維護只能採取精神方法。自他之後，政教的範圍漸有劃分，在現世上出現了兩個統治機構[9]。

　　在聖安波路斯之後的基督教思想，最重要的思想家是教父哲學中的代表人物奧古斯丁（St. Augustine，三五四～四三〇）。奧古斯丁對基督教神學、倫理思想和知識論做有系統的整理，將西元一～三世紀教父的思想，與希臘羅馬各大思想家的學說，以柏拉圖哲學爲中心進行系統性整合，並結合天主教的神學思想，將哲學的理解與神學的道理融合爲一。在十三世紀多瑪斯之前，奧古斯丁是基督教思想的主流，奧古斯丁以神學做爲理性與信仰之間的橋梁，把倫理思想做爲追求現世福樂，進而爲獲來世永生的準備[10]。

　　對希臘傳統倫理思想的「幸福論」，他強調人的眞幸福只能在神身上找到，神是人眞福樂的泉源，但人除非獲得神，否則一切都是虛無的，都毫無價值。人與神之結合不能單靠知識，主要是藉由「愛」。在神內有永久法，即是在神內的理性與意志，要求人遵守事

8　Ibid.
9　Ibid.
10　Ibid.

物自然秩序，禁止人破壞。自然法即是在人心中對神永久法的分享。人雖是自由的，但仍必須順從此自然法的指引，人的思想言行違反此法便是罪。人因著原罪而墮落了，所以只有藉著神的恩寵才能獲得倫理的完美。

他幾乎完全排除肉身的享受，認為人的真福樂絕對無法在今生獲得，今生只是做為來世生命的考驗場所。他認為人的本性具有雙重的對立傾向。人的本性因為是神造的，故而善良；但又因受原罪的侵犯傾向於惡，而容易墮落。人單憑自己的力量，無法控制物欲免於犯罪，所以需要天助。人擁有自由意志可選擇為善或為惡，因原罪的影響，人傾向於惡的機會較多[11]。

奧古斯丁的眾多著作中以《懺悔錄》（*Confession*）與《天主之城》（*The City of God*）兩本著作最為出名，是哲學與神學的混合作品。《天主之城》書中用兩城對立的比擬方式，講論地下之城與天主之城二城互相對立與相爭。地下之城充滿了罪惡與混亂，人民自私，輕視上主，隨肉欲而生活。天主之城則充滿了良善、真誠與光明，人民輕視自己，愛慕天主，依精神而生活。人應該遠離地下之城，奔往光明的、人類歸宿的天主之城，奧古斯丁的這些主張影響到他對於政治哲學的觀點。

由於奧古斯丁以柏拉圖哲學思想為本，柏拉圖的「至善」觀念對奧古斯丁來說就是天主；柏拉圖認為對「至善」的分享是萬物存在的原因，奧古斯丁認為「至善」的本身雖是美好的根源，而人的本性該回歸到天主，才能獲得幸福，天主是奧古斯丁神學性哲學的中心。神做為有理智與位格的上主，因此按照分享原理，人既是由上主分出，

---

11 Ibid.

也會是有理智與位格，雖然仍是有限的實有[12]。

　　而理性是因上主的光照而能夠認識，上主的光是永恆的，是一切光明的源泉。永恆之光照射在人的心靈是為人尋求真理的依據，藉著上主的光，人方能判斷知識的真偽；光照明人的主觀心靈與客觀的事物，因此心靈與真理合一。奧古斯丁將光照與尋求相連，人有上主的「光照」，必在理性內尋求永恆的真理，人必獲得後方滿足；認識與信仰相關聯在於認識為了信仰，信仰也為了認識，信仰可補認識之不足，知識與信仰相輔相成。最高智慧在信仰，最高信仰是智慧，哲學與神學合二為一。

　　就知識來說，奧古斯丁將知識分為外感官知識、內心知識與純粹理性知識三種。感覺和內心認識接觸單獨的偶有事物，形成外感官知識與內心知識，對象在空間與時間內。純粹理性知識是必然和不變的知識。奧古斯丁強調了柏拉圖的「普遍觀念論」，一樣主張觀念是事物的模型，觀念穩定不變，存在於造物主的理智內。造物主無始無終，其觀念也是無始無終。宇宙萬物有始有終，是因為對無始無終天主的美好分享而存在。普遍觀念來自外五官的認識、來自創造主的光照，藉主的神光，人才能認識永恆必然的觀念。

　　人在認識真理後，因心靈的接納真理與否產生善惡之爭。奧古斯丁認為命定的是良心呼聲，遵循的是內在永恆法律。而人的自由使人能不聽從良心，違反永恆律，自由是使人向善，被肉欲拉往惡是不自由的。奧古斯丁對自由的看法亦影響到他的政治哲學觀點，自由是拒絕肉欲誘惑，自由的趨向光明。他認為想做什麼便做什麼，名為自由，實際上是私欲偏情的奴隸。真正的自由是想做什麼，而不去做什

12 Ibid.

麼；不想做什麼，而去做什麼，完全脫離了肉欲偏情的控制，而成為一個眞正光明自由的向善之人[13]。

　　奧古斯丁深受柏拉圖的影響而懷疑感官知識的正確性，認爲沒有萬物本質知識的直覺知識是低級的，只是黑暗洞穴裡的微弱陰影。奧古斯丁特別對於惡的問題和道德問題極度關注。這種關注使他在初期受摩尼教觀點影響而主張善惡二元論，認爲萬物生來有惡的本性。之後從迷惑中醒悟的奧古斯丁轉向接受新柏拉圖主義，他在啓示性的一神論中找到了對惡的適當解釋。

　　對奧古斯丁來說，眞理不僅僅是知識，而且是行動，問題不在認識眞理，而是在生活中實踐眞理；認識眞理不一定是實踐眞理，因爲人的本質不是理性而是意志。透過這個主張，奧古斯丁將新柏拉圖主義與基督教的教義結合，這些論點對後世的存在主義有著深刻影響。人是被動的，除了以最大的虔誠去愛使其存在能適應最高的對象與原則之外，沒有任何選擇自由。最高對象根據代表每個人的特徵之意志力促成每個人的存在，並給人活著的條件、動機、理由、動力和目標。任何人都有對宗教或上帝的信仰，但其不是由人所能推論出，雖然可以從它出發展出邏輯的推論。

　　除非一個人願意，否則就不會相信眞正的上帝。沒有任何宗教信仰的力量可以改變不服從的意志，因爲人在本質上是自我中心的，總是用意志力去驅使他物，而不願眞正的上帝成爲上帝，人只願意以自己的想像去創造上帝。因此只有當人被神的善所感動時，才會願意把上帝做爲眞正的中心[14]。

　　只有從正確的意志出發，心靈轉向拯救的上帝，人才能發現眞

---

13 Ibid.
14 Ibid.

理。奧古斯丁的核心主張即在「為理解而信」，是在神學上尋求理解的信仰。這個主張一樣適用於道德領域，沒有照上帝美德所進行的行為都是惡的。奧古斯丁的論點在其後的宗教改革與存在主義的發展中成為他們的基本觀念，對於奧古斯丁關於惡與自由意志的分析實為政治哲學的基礎問題，我將在下一節中較為深入討論。

第二節　奧古斯丁的政治哲學基本主張

一、國家

　　奧古斯丁認爲人是由肉體與精神兩方面構成，因此也同時生活在世俗世界與上帝的國度。撒旦支配人體活動以欲望爲原動力，爭端與戰爭無可避免，勝敗循環不止，最後同歸於盡，世俗世界中沒人能永遠勝利，最後都必將面臨世界末日而毀滅。但人在精神上可以屬於上帝之國，人只有在此國度中才能獲救達到天堂；在精神國度中，上帝光輝照耀，無欲無爭，只有愛、關切與幸福[15]。人以具有罪惡本性的肉體與精神間經常衝突，這種衝突就是善與惡的戰鬥，個人如此，在整個人類歷史中亦復如此，但最後勝利必屬於善，屬於上帝的國度，那裡是永久和平。上帝之國與罪惡世俗的爭鬥，將繼續到最後的審判日，順從基督與上帝同行者受到祝福，必可進入天國，不順從與悔過者則永墜地獄。

　　相較於西塞羅認爲，只有由共同承認的法律和共同享有的利益結合的集合才是國家，奧古斯丁認爲如果要以法律和公正做爲標準，那麼實際上羅馬不是個國家，他認爲把人們結合爲國家的是由於對所愛對象的認同。奧古斯丁雖然保持柏拉圖的理想，卻否定其可能得以實現。奧古斯丁認爲理想只能在天國實現，因此他冷漠的看待現實政治，對於國家，奧古斯丁所提出的問題是：國家的目的是什麼，而又能獲得多大的成功？這樣的提問方式讓人想起奧古斯丁之後的馬基維利（Niccolo Machiavelli）和霍布斯（Thomas Hobbes）十分相似[16]。

---

15 本書關於奧古斯丁的政治哲學論點，主要來自其著名作品《天主之城》一書，相關論點亦參考了 Magill F. 所編 *World Philosophy V.I I.* p. 571-582。

16 Ibid.

　　而人因具有原罪，所以在俗世中有一般的國家之存在；國家因人性之惡而產生，政府只能管理人性中像欲望、衝動以及財產等關係低級的活動，國家終必消滅，因爲世俗事物變易不定，爲戰爭與貪欲所支配。天主之城爲善人存在，人在此可得精神的拯救與永久祥和。世俗世界人間之城非指現存國家社會，天主之城亦非現存教會，在現實的生活中二者混合在一起，其分別在人的行爲與感念中，眞正的區分要到最後審判時才能明確。人的肉體仍受制於政府，政府有時要用強制的武力拯救人之罪惡，因此政府也因上帝的旨意所設而有神聖色彩。

二、教會與國家間的關係

　　在奧古斯丁看來，教會雖然不是天主之城，但它有組織與制度，是信仰者的聯合，上帝透過教會施恩惠慈愛予人們。因此教會的產生是歷史發展中重要的階程，爲歷史開新紀元，此後人若欲進入天主之城獲得拯救必先納入教會，接受洗禮與教導。所謂公道與正義乃是信奉上帝所得到的和諧平衡，一般國家不可能達到公道。在基督教會未組織前，不會有公道的國家，教會產生後始可達到公道。教會組織是人類社會發展最高與最後的目的，所有信奉基督教義者，皆應聯合在教會領導下。教會是人類精神生活最高發展的表現，也是歷史發展的最高目標，教會的利益是高於一切的。他的政治理論也是歷史哲學，對後世有巨大影響。

　　教會的目的及利益高於一切，因此一個理想的國家之政府應盡可能與教會合作，國家與教會各有法律，互不從屬，在執行時應彼此互助。每個人同時是國家及教會的一分子，基督徒應服從政府那些沒有

違背《聖經》的法律與教會訓示，人類最高的法律還是神的誡命。奧古斯丁的這些主張都是後來教政之爭中，教會認為「教」高於「政」的理論根據。

另一方面，政府同樣以奧古斯丁理論認為政府本身負有神聖使命，並以之和教會爭論。奧古斯丁的政治哲學理論使之後政治多元化的理論有所根據，也使國家不再能管轄人民的一切，進而突顯國家集權的荒謬，透過教會與政府定位的爭論，確認了人在政治生活之外還有更重要的屬於宗教的精神生活，而且形成了之後西方文明社會的普遍共識。

三、《天主之城》一書中奧古斯丁政治哲學思想　　綜合論述

將一生大部分之寫作精力致力於護教的奧古斯丁，其政治哲學思想主要展現在其偉大作品《天主之城》之中，該書寫作的歷史背景是羅馬遭到入侵，人心動盪的時刻[17]，奧古斯丁除了前文所述的政治哲學觀點之外，透過反駁諸如：基督教上帝引出異神教復仇、基督教的來世觀破壞帝國穩定性等指控，以及為受迫害與災難困惑的基督徒自身所揭示的道理，奧古斯丁的政治哲學顯露了許多值得更深入探討的論點。

首先是對歷史的哲學觀點，與希臘人的歷史循環史觀不同，奧古斯丁不認為歷史的運動沒有止境與目標。奧古斯丁發展了基督教啟示

---

17 Ibid.

的宇宙觀，主張的是基督宗教歷史發展的直線式觀點。聖父、聖子和聖靈爲上帝的三位一體，聖父爲創造和維持者，聖子則爲救世主，三者爲上帝現身的三個永恆形式。

最初的歷史爲神的活動舞臺，以創世做爲開端，其中心內容是上帝化身爲耶穌基督對人類的拯救活動，並在聖靈中持續趨向完滿，直到末日審判一切進入新的天地，從信仰的角度可看見歷史的模式，也可理解生活的意義。奧古斯丁奠定了基督教神學的基礎，建立了整個中世紀西方文明的思想基礎，以及時至今日仍爲西方文化的基本觀點，這是理解奧古斯丁政治哲學不可不知的基本觀念。

關於惡如何存在於這個有上帝存在的世界中之棘手問題，必須從宇宙觀來入手，如果沒有對整個世界的觀點，則無法爲解決這些問題提供辯護。如果上帝不知道什麼樣的惡將會發生，祂還是上帝嗎？但是如果祂確實知道而仍然讓惡發生，那麼上帝豈非無能或邪惡嗎？奧古斯丁對這些問題的回答是：上帝必須是先知才能成爲上帝，而且絕對可靠的先知包含著必然性。上帝能夠知道所有一切而不破壞自由意志，自由意志就包含在上帝預先知道的原因中。由於上帝對事物的知識使事物存在，並且給予特殊本性，因此，正由於人對自由意志的知識使人的意志能夠自由，而不是被決定。但自由不意味著沒有原因，只是意味著自因，上帝對每個自我的認識比自我的知識更詳盡。上帝對人的知識是人會做惡但不是被迫做惡，因此奧古斯丁解決了上帝對惡的直接責任問題。但更深一層的問題同時浮現，即上帝是否允許人有做惡的自由？奧古斯丁以羅馬帝國的發展進行回答，他指出，帝國最初致力於追求眞理與公平，公民亦追求善，但愛自由最終變成熱中於統治，追求美德變成了沉迷於快樂，行善的榮譽變成驕傲，人從一開始就面臨著困難的選擇，在最初上帝創造了一切，而且繼續創造，如果上帝收回創造力，一切都將回歸虛無。而因爲從無中被創造之物

絕對依賴於上帝，因此上帝所創造的一切雖然都是善的，卻也是會變的。一切事物都因著存在的性質而逐漸變化，所見的對立兩極存在其實是為了增進宇宙的完美。伴隨著創造行動，時間得以開始，時間意味著運動和變化，只有上帝不會運動和變化，他的先知適用於時間中的一切，他的永恆直覺不產生變化。上帝知道人擁有自由會做什麼，也知道做什麼能把每項惡最後變為更大的善；就是因為把所有的時間當做現在，人所表現的惡才可救贖，一切都是在為上帝所創的宇宙整體中所進行的作為，甚至人所犯的罪行最終都會產生對世界的美化。因為事物的本性都是上帝創造，不是惡的，惡只是善的缺失，惡的來源不是人的本性而是因為意志。人的存在是由至高的善，即上帝所給予，惡即使取代最少的善，都會使人的本性受到傷害，雖然上帝不會因此取消人的本性，卻足以使人意識到自己蒙受的損失，此為受造物本性和意志鬥爭的失敗，人不是讓意志力驅使去做所能做的，而是去做他所不能做的，此為善本質的萎縮。由於上帝自身真實存在，而上帝的反面不存在，人在想要成為不完滿的存在時，把存在狀態否定，惡存於相信自我是自我創造、自我滿足與自我獨立的謊言中，這造成了創造物的雙重性和墮落。惡沒有產生結果的原因，只有意志為其不充分的原因，當人不服從上帝時，肉體即變得不服從於意志[18]。

　　奧古斯丁的歷史理論描述了亞當的惡改變了人的本性並遺傳給其後裔，對於這種人，意志不可能從自我中重新糾正自己，因此對他們來說歷史只是簡單的循環。在上帝的先知中包括了人的墮落，與上帝通過他的善選擇其他的人重新愛上帝，對這些人來說，歷史以耶穌基督為中心是直線的，朝向永恆生命並在其中得以完善。所以在上帝的

---

18 Ibid.

計畫中有著兩種歷史，分別以兩種城邦表示，一是愛自己而蔑視上帝的人間之城，一爲愛上帝蔑視自己的天主之城，那些在天主之城中的人之所以能在，只能是因爲上帝的仁慈選擇[19]。

奧古斯丁所指的人間之城並非歷史上的羅馬，也不把教會當做天主之城，天上和地下兩個城邦都是看不見的城邦，成員是分散的，只會在歷史終結時才被劃分。人間之城並非一切都是惡的，它享受人間的一切，要求人間的和平，也爲獲得這種和平而進行戰爭，人間之城是以對財富的極度愛好爲特徵。

奧古斯丁以《聖經》所述的歷史來比喻永恆存在的天主之城，以基督降臨的預言開展其論述，而且堅持認爲不能否認其他人和民族也有基督的預言，許多其他人也屬於天主之城，而不僅是猶太人。耶穌基督在復活之後向信徒們公布《聖經》，使他們能理解歷史永恆的基礎和上帝的計畫，耶穌基督是上帝神恩選擇的使者，他分有著人性，他在十字架上替世人贖罪並能光榮復活，因此通過信仰，人也能分有神性，信仰不僅是意志也是人本性的淨化。信仰開始於心靈接受洗禮，只有接受了信仰之後，理性才能向眞理前進；意志和理性無論在什麼狀態下都不可分，因此神學和哲學的合一是必須的。在歷史中，天主之城的人會知道人間之城的遭遇，做爲上帝的選民，他們不再墮落；在城中，惡不再被允許，而且罪惡終將結束。通過接受痛苦，上帝成爲自己的證人；通過受苦，信徒獲得鍛鍊和糾正。天主之城的成員爲思想和行動的理想一致而努力，服從人間之城的法律，關注的是如何不損害信仰。生命以普遍的愛爲目標，耐力建立在希望將來獲得幸福之上。天主之城的和平是完滿有序並且充滿和諧歡樂，這種和平

---

19 Ibid.

更多的是痛苦的慰藉，其公正存在於寬恕中。世俗的歡樂是無信仰者的安寧，在來世中將永遠遭受意志與欲望鬥爭之後的痛苦。歷史以人做惡爲其開端，結束於擁有更高自由的選民，具有不再做惡的能力，在真正的自由中，惡不再帶來歡樂。奧古斯丁以新天地標誌其未來歷史紀元的頂點，在生活中放棄世俗世界，專注於精神世界，堅持上帝的萬能和公正、天堂和地獄永恆的二重性，並努力以上帝的愛揭示的視野看待世事[20]。

20 Ibid.

第八章　多瑪斯的政治哲學

第一節　影響多瑪斯政治哲學發展的
　　　基本主張

多瑪斯前期的哲學深受奧古斯丁哲學影響，但其中包含了重大的哲學問題未解：

例如光照問題；原質的現實性問題；靈魂與肉體的結合關係，還有靈魂的性質問題。天主教會內的修會，方濟會（Franciscani Ordo Fratrum Minorum，一二一五年）與道明會（Dominicani, Ordo Praedicatorum，一二一六年）對這些問題都做了進一步的研究。

方濟學派的代表人物為波拿文都那（St. Bonaventure，一二二一～一二七二），波氏思想偏向奧古斯丁而且更加重了神祕色彩。其學說以內心經驗做為認識的出發點，主張在內心最先發現的是神，故內在知識應以神為中心，人無法在他處尋找神。萬物是從神流溢出的，而流出的實有其等級為先觀念後事物，觀念是神的顯像，事物是觀念的顯像。波氏否認創造而主張流溢，但其神祕主義之主張與向外尋找神的「神魂超拔」主張有別，是一種走向內心的神祕主義[1]。

由於本文的主題是關於政治哲學，因此不在此更深入的探討認識論問題與神祕主義學說，只能先求脈絡清晰，以免偏離主題，儘管這些主題與之後的政治哲學發展並不是完全沒有關聯。

而做為道明學派代表的聖多瑪斯（St. Thomas Aquinas，一二二五～一二七四）的學說更是重要，其學說對於後世的哲學發展影響重大，在此對知識理論要點先做說明。在他最具代表性的作品

1　相關的哲學史論述，主要參考Russell B.所著*History of Western Philosophy*與Copleston F.所著*A History of Philosophy, V.II.*

《神學大全》（*Summa Theologica*）中[2]，多瑪斯將知識分爲啓示和求得兩種。啓示知識屬於神學，對象是超自然界，啓示性的超性知識接納信仰，藉著神的啓示獲得這種知識，人對其本身的原理無法全部清楚，例如：靈魂爲不滅實有，可以藉著理性懂得，但關於天主的三位一體道理則超出人的理解能力[3]。

求得知識屬於哲學，對象是自然界，求得的知識也就是本性知識。本性知識是透過理性獲得，理智藉著外五官得來的資料抽出共相形成觀念，進而獲得明顯而清楚的知識，理性的抽象功能可以細分爲：物質抽象由具體事物中抽出共相；數理抽象由具體數理事物中抽出數目；形上抽象由形而下之物，推而求出形上的實有。

因此哲學與神學分成兩個不同系統，多瑪斯認爲超性知識與本性知識皆來自同一上主，相輔相成，彼此之間毫無衝突，因爲上主本身即是永恆眞理，眞理不會產生矛盾[4]。

神學的啓示來自上主，上主本身就是眞理，所以啓示眞理不能有錯。此眞理可以幫助人的理性因有限而產生的缺失，有限理性在追求無限眞理時常陷入迷惑，需有信仰的眞理輔助。而哲學也輔助神學，

---

2 《神學大全》全書分四大集，六百一十一個討論題，三千一百零七節，第一集論造物主——天主，講述天主的存在及各種屬性，如天主是一個全能、全知、全善、有位格的主宰。第二集講述人歸向天主的倫理行爲，如智義勇節四樞德、眞福八端、聖神七恩、信望愛三德等。第三集及補編（四）講述救世者，天主第二位聖言降生爲人，取了人的形象，在世上建立教會與七件聖事。多瑪斯《神學大全》是天主教神學與哲學的基本道理，現有的各種專題著書皆以《神學大全》的內容爲基礎。以上資料參見由張振東神父所撰《聖多瑪斯，天神博士》（*Doctor Angelicus*），推薦文收錄於由臺南碧岳學社周克勤神父所譯《神學大全》之中文版。

3 本書有關於多瑪斯的哲學論述，主要參考其最具代表性的作品《神學大全》，至於《亞里斯多德哲學註》（*Commentaria Aristotelis; Opera Omnia*）與《駁異大全》（*Summa Contra Gentiles*）亦爲其重要的作品，但因爲本書主要探討的是政治哲學，故不在此對多瑪斯哲學的其他重要部分進行過多的著墨。相關論點亦參考了Magill F.所編World Philosophy V.II,, 693-717。

4 ibid.

因理性的推理與證明，也常能證明信仰的眞實性，並使啓示的眞理易
爲人所接受，例如：「靈魂不死」與「天主存在」這些啓示道理，以
因果律證明，或者透過邏輯學、認識論、自然神學與形上學導引人走
向萬物之源的天主，而哲學的結束正是神學的起點。

多瑪斯的哲學偏向亞里斯多德，不完全贊同人的理性必須如同奧
古斯丁所說的藉由「光照」才能認識，多瑪斯認爲人的理性自身有足
夠能力可以認識外物與形上實有。人的心靈是一塊白板，可接納任何
外界印象。理性功能藉由抽象作用形成觀念，構成判斷，認識眞理，
並藉第一原理推論出宇宙萬物的知識[5]。

對多瑪斯來說，新舊約《聖經》是哲學的一部分，對於人類之
獲得救贖，記載於《聖經》的知識是必要的，這說明了在哲學之外，
還有有用的知識。哲學由人類理性建構，人類能夠得到救贖需要的眞
理超出人類的理性，是由上帝通過啓示告知人，這樣的知識不屬於理
性，其本性只能是信仰對象。來自啓示的知識是門神聖的科學，主要
討論上帝，關注的是純粹的理論而不是實際的事物，它是最崇高的科
學，智慧是對神的知識，它的原理直接來自上帝的啓示，萬事萬物都
是做爲上帝的外在表現加以討論，因爲這個意義，所以其他科學成爲
其婢女。基督徒接受神恩獲得啓示眞理，接受神恩不但無損於對自然
的知識，反而會使其更完善[6]。

而人由靈魂和肉體組成，靈魂沒有物質性，但需要進入物質，
以物質爲其所居。理性是人的形式，決定肉體的形式。人的理性有雙
重特性，具有積極面和消極面，但都只能是個別的，不能有普遍的理
性。除了理性，人還有欲望和意志，意志雖然不是必然，但卻總是受

5　Ibid.
6　Ibid.

制於理性。上帝的意志和先知雖然是絕對的，但對人的支配是間接而非強制的，容許人得以其意志力量造成一定的結果。為得到知識，靈魂從外在的感性形式產生類比概念，既沒有先天知識，也無法得知除了來自感官世界以外的存在形式；知識來自於感覺，理性在物質世界中直接認識個別事物，通過抽象形成類的觀念。靈魂雖有理智，仍不能直接認知自己，只有通過反省作用才能認識自己，人的靈魂是被創造的而非永恆，直接出自上帝，靈魂和肉體是同時被創造，結合於有機身體。雖說上帝按自己的形象創造人，但絕不意味著創造者和被創造者等同。為了最終的目的，人必定欲求所能欲求的一切，人的快樂與滿足不在財富、名望與權力。人的最終目的是幸福，是由對人有益的東西構成，任何被造之物都不會是人的最終目的；暫時的幸福確實有賴物質，但最終完全的幸福只在洞察神的本質[7]。

認識上帝是可能的，因此人得到其最大幸福也是可能的。幸福有不同的等級，每個人得到的幸福不一樣，人一生可以看似相當幸福，卻得不到真正和完全的幸福。完全的幸福一旦獲得就不會再失去，這種幸福的本性是永恆的，不能靠自然能力獲得。

對於惡的問題，多瑪斯認為，對於人類的內在意志行為而言，善惡有著本質上的不同。善良意志取決於對理性和自然律的服從，當意志服從錯誤理性時，惡便產生，而善良意志亦是對上帝意旨的遵守。多瑪斯深入的討論了罪的種類和成因，不是所有的罪都相同；造成罪惡的原因很多，犯罪者的意願和理由必須包括在內一併考慮。對「原罪」觀念，多瑪斯也做了詳盡的分析。多瑪斯對於罪惡的討論不但對後世基督宗教的教義發展極其重要，也對之後西方世界的政治與法律

7　Ibid.

觀念與制度有著深遠的影響。在下一節中將進一步討論多瑪斯的重要
政治哲學觀念。

第二節　多瑪斯的政治哲學基本主張

　　中世紀思想家大多對於與倫理相關的問題有深入研究，而多瑪斯更是其中翹楚，他成功完成了大亞爾伯的工作，使哲學與信仰完全協調。多瑪斯在倫理問題上將亞里斯多德的心理學與倫理學做了深入的應用，因此多瑪斯的倫理學可以說是基督教義化的亞里斯多德倫理學。多瑪斯把自由的本質、人類行為的心理、人的靈魂、德行與良心加以定義與分類，深入討論了包括：自然法的性質與特性、人行為的內在倫理性、善惡、倫理行為的中立性、影響倫理行為的無知，以及正義之德的性質。這些深入探究對於後世研究影響倫理行為的理性與動機有著重大的影響，他的倫理學觀念直接影響其政治哲學的主張，我們可以在多瑪斯「論國家的目的」這一議題中清楚看到。

　　多瑪斯之前的十一與十二世紀的士林哲學家大部分傾向於以哲學論證解釋信仰，奧古斯丁的「知以致信」與安瑟莫（Anselm，一○三三～一一○九）的「信以致知」的循環，成為當時思想的主要任務[8]。

8　其中著名的代表人物有：伯納德（Bernard of Clairvanx，一○九一～一一五三）與亞伯拉德（Peter Abelard，一○七九～一一四二）。
　　伯納德雖然堅持單靠理性無法合理地解釋信仰的道理，卻經常以哲學論證反駁反對信仰的學說。
　　亞伯拉德的主張別具特色，他認為倫理是行為動機的特性，這種特性是內在的，不是行為本身的結果。行為本身無好壞之分，動機才是主要分辨善惡的因素；動機的善惡分辨只在人是否重視神的法律，信仰不一定是倫理基礎，人能藉著信仰也能靠自己的力量修德。亞伯拉德的思想在十六世紀宗教改革中受到重視，康德更徹底的發揮其主張。相關的哲學史論述主要參考Russell B.所著History of Western Philosophy與Copleston F.所著A History of Philosophy，V.II&III

一、國家的目的

多瑪斯所持的亞氏理論，主張社會完全由於人的天性自然演化而來，與當時教會中的主流思想是依循奧古斯丁的主張，將國家的起因歸於罪惡並不相同。聖多瑪斯繼承亞里斯多德的主張，認為國家的目的在於使人達到美好良善的生活，國家中有政府與法律以維持社會安定，使人得以互助交換謀求福利。統治者必須有這種道德目的，給予人有德行的幸福生活。然而多瑪斯比亞里斯多德更進一步的指出，道德生活固為國家目的，但不是人的最後目的，人的最後目的在進入屬於上帝的天國，此任務超出世俗統治者能力，因此需要有教士與教會。將亞里斯多德的道德生活與教會強調的精神生活合一，人們在國家內獲得理性實踐，在教會中獲得精神信仰[9]。

多瑪斯哲學思想中的基本觀點，是認為宇宙乃一包容萬有的綜合體，有一個完整而且互相協調的體系，此即謂宇宙乃是一個整體的大和諧，因為他相信上帝及自然的偉大，所以宇宙萬物自然會各得其所。至於研究此一包容萬有的學問，則有科學、哲學與神學。科學是分門別類的研究個別目標，在科學之上是以理性總其成的哲學，在哲學之上超乎理智則有賴啟示（Revelation），神學則能概括所有系統者。哲學依靠人類理性論證一切事物以求真理，雖然神學必須依靠啟示獲得真理，以類比性之理性認識真理，超乎理性之上，但絕非與理性相違，也非為不可知性（Unintelligible），只是非人之悟性所能窺探。多瑪斯把所有思想學術歸納到一個大調和的系統中，使神學成為科學的女王與智識的塔尖。

9 Ibid.

　　多瑪斯所有的理論無不朝向建立人對上帝的信仰及教會崇高地位的單一目標前進，樹立神學的權威。但受亞里斯多德實在論傳統的影響，多瑪斯在論證的過程中，充分展現了其理性的推斷[10]。

二、政治統治者

　　既然國家由自然而產生，統治者的威權亦出於自然要求，也是來自上帝的神聖命令，所以人民都應當服從統治，不服從便是罪惡，否則國家社會將秩序混亂。統治者的地位係指其做為一種職務，起於人天性為達到美好生活的自然要求，職務是由社會中全體人民所委託。而統治者負有道德責任，行事必須合於理性與道德，並基於公益且符合於正義，因為只有如此才能獲得人民信任，取得合法地位，至於統治者的權威亦受到其自身職務的限制。多瑪斯要求統治者由倫理道德的觀點來解決政治問題。對多瑪斯來說，推翻暴君並非叛逆，只要推翻時社會的損害小於虐政即可；他亦提出防止暴君的途徑，認為在決定一個統治者時，應先了解其性格，是否具有為仁君的道德條件。對統治者的權力應有所限制，不致使其變為專權蠻橫。而能夠控制統治者的決定，必須對統治者的權力有所限制，因此便必須有良好的政治體制。

---

10 本書有關多瑪斯的哲學論述，主要參考其最具代表性的作品《神學大全》。相關論點亦參考了 Magill F. 所編 *World Philosophy V.II.*, p. 693-717。

三、政治體制

　　多瑪斯的政治體制分類大致與亞里斯多德相同，他主張不管何種政體都必須合法，且爲公眾福利著想。多瑪斯因其所屬時代偏重於君主政體，他認爲一個國家最需要的是統一與和平，爲達此任務君主政體最是理想。因爲一切事物以順應自然爲最好，在一切自然的統治中都是定於一的，在宇宙中由一個創造一切、統治一切的上帝所支配，非常合理和諧，因此人類社會歸一人統治也會是最好的。至於君主政體可能變爲暴君政體，但暴君政體卻是常產生於民主政體之後，因爲民主政體是最易混亂的社會，此係因自由的觀念一旦產生變化，原有的秩序便不易維持，必須要自由與秩序不相違背，社會才能正常，但自由經常是不易固定範圍，以致經常導致混亂發生而需要武力壓制，這才使暴君產生。

　　而多瑪斯所設計的君主政體是一種立憲的君主政體，採取的是亞里斯多德混合政體的精神，認爲良好政體應該是全體人民皆應享有參政權，上帝是一切權力的來源，上帝授權社會全體管理全體事務，社會全體則另行委託人進行統治，而這個人選的產生應由全體人民參與，通過選舉來決定。在此多瑪斯已把政權與治權進行區分，其中已含有主權在民的意義。

　　統治者應以道德爲其職位依據，每個人及國家的目的都在實現道德生活，統治者必因其本身道德高尙始能讓人民接受統治，統治者不應憑其職位謀求財富或私人快樂，其眞正的快樂不在現實享受而在未來。統治者組織的政府，工作重心在公平的賞罰，最爲重要的是司法機構，之後才是保衛國家與安定社會，對人民需要的救濟也必須是政府的重要工作之一。國家統治權威的基礎雖然也是來自上帝，但世俗政府最多只能給予人符合理性的道德生活，而這並不是人的最後目

的。人的最後目的同時也是最高精神要求是到天堂，在天堂中與上帝
同在，享受永久的幸福與喜樂，這是人所具有的最高欲求，但只憑人
自己的能力是不足以達到的，因此需要教會的領導。教會是神聖的政
府，其存在爲使精神事務與世俗事務分開。精神事務不應該歸世俗君
主所管轄，精神事務的管轄應該歸屬於神職人員，而其最高的代表即
爲羅馬教皇，神聖政府的事務起於耶穌基督，由聖彼得宗徒的繼承人
爲歷代教皇所代理，因此所有的君主均應服從教皇，宗教的權利必須
高於政治的權利。雖然君主在世俗的事務上仍然是最高威權，但教權
高於政權是必然的，君主做爲基督徒，若有背叛信仰的叛教行爲，教
皇當然擁有權利可以革除其教籍，並停止人民對其之服從義務。多瑪
斯堅強而有力的論述教權至上理論，影響了之後很長一段時間的政治
理論發展。

四、關於法律

多瑪斯在法律問題上有著詳盡的論述，法律問題是其哲學理論
的重要成分。對多瑪斯來說，法律乃是出於理性的命令，藉著法律得
以謀求公共福利，而法律是由負責統治社會的人所制定頒布。統治者
制定與頒布形式，在形式上必經過一位統治者的公布程序，國家法或
社會法始成爲有效法律，而在形式中包含了統治者的意志。法律的內
容與形式同樣重要，古希臘法典只重內容是否合乎理性，羅馬法律的
精神雖然認爲內容與形式都是法律要素，但有其中一個便可。多瑪斯
則認爲兩者必須兼具，法律既要有合乎理性的內容，也必須由具有權
威的統治者制定頒布以展現其意志。法律的執行必須有其預期效力，
而不只是規範個人行爲的道德成分，所以必須發自權威者才能產生強

制性的約束。多瑪斯注重法律的內容與形式，使法律的定義兼有理性及意志兩要素，使法律的涵義轉爲明確，對法律觀念發展的貢獻至大[11]。

多瑪斯將法律區分爲永久法（Eternal Law）、自然法（Natural Law）、神聖法（Divine Law）、人類法（Human Law）。

1.永久法是管理宇宙全體的永久性法律，屬於上帝的永恆計畫，整個宇宙萬物被上帝的最高理智所管轄，人類的理性不能了解的，永久法即爲上帝本身，由其所制定、頒布與執行。

2.自然法是永久法的一部分，應用於有理性的人類，因爲宇宙萬物俱受永久法的管理，但永久法人類不能了解，所以要透過存在於每個有理性的人類心靈中之自然法以體會上帝的旨意。自然法沒有有形文字的規定，只是透過人類理性認識；自然法是在全體人類社會中所應具有的無形規律；自然法得以用來調和國與國、人與人之間的關係，使人能辨認善惡，追求理性完美生活之實現。

3.神聖法則是對自然法的完善，是上帝在新舊約《聖經》中所啓示的法律。凡人類因理智缺陷所無法體會與不可理解的律法，則依靠於神聖法，因爲人的理智限制所不能判斷與確定的事，使人類無法懲罰其罪惡，這時則需要神聖法的啓示。神聖法與自然法不僅不相衝突，反而會增進人的理智思考。

4.經人類理智思考將自然法原則應用於不同的特殊環境者，是爲人類法；人類法爲自然法原則的應用，因此不能與自然法相違。人類法又可分爲萬民法（Jus Gentium）及市民法（Jus Givile）。

在多瑪斯看來，宇宙是和諧的整體，其中任何一個小部分都是整體宇宙的縮小，而整體宇宙是小部分的放大。法律雖然因內容、形式

---

11 同註2。

與應用範圍區分為數種，但性質上都一致基於理性；法律因為基於理性，所以其目的正在實現正義公道，法律即為正義公道的展現。正義公道是一種經常而永久的意志，給予每個人應得的東西，是講究分配與交換公平的基礎。多瑪斯將起自羅馬法律的權利觀念，論述得更加詳盡，他認為權利是在正義公道的法律原則下所產生，根據自然法有其自然權利，也有在人類社會活動的實際權利，但實際權利不得與自然權利相違，否則便不成為權利，也不會符合於正義公道。

多瑪斯認為法律是會變化與演進的，雖然永久法為上帝最高的表現，自然法乃永久法的一部分，人類法根據自然法演繹而定，故理論上所有法律均具有神聖性。但由於法律建基於人的理性，而人的理性有其限制，理智會隨著時代變化產生進步，因此建基於理性的法律，因理性認知的改變，是非觀念也隨時代環境有所差異，法律必然的需要持續修正以因應環境與時代的變化，適應變遷，求取生活方便。以財產權為例，在自然法的觀念中沒有私人財產，因為自然的社會是公有公用的社會，但是在實際的人類社會中存在著法律上規定的私有財產制度。這是因為私有財產制度是因應著人類面對新的環境與方便需求而產生，在私有財產制度產生後乃有新的法律誕生適應其需求。若僅按照自然法，財產只能屬於公有，但配合人類生活改變承認財產私有的制度，也是自然的發展趨勢，與自然法並沒有衝突。類似這種變化，不只是在整個時代的變遷中存在，即使在同一時代也會在不同地區、因環境不同而產生不同的法律制度。多瑪斯在此論點上是極具前瞻性的，對後世法律觀念的發展有著不可忽視的重大影響[12]。

---

12 同註3。

第九章　新士林哲學與馬里旦政治哲學

第一節　士林哲學的新發展與馬里旦
　　　　哲學基本觀念

　　承接第五章所言十三世紀是士林哲學最輝煌的一頁，教會中亦是人才輩出。然而在十四世紀後卻因缺乏後起傑出人才造成思想缺乏創意，終至漸趨沒落。雖然在此段時期中士林哲學仍有許多派別的發展，也主張回到十三世紀思想但皆僅止於彙編前人文獻資料少有理論創見，使得體系無法繼續進步。

　　士林哲學衰微的因素，內在因素有學派之爭與經典詮釋不一的問題，外在環境則是文藝復興運動與人文主義思想高張的衝擊，加上實驗科學高度發展，針對士林哲學的形上預設進行挑戰。

　　文藝復興運動人文主義興起，試圖在人生的一切層面，重新評估人的人格與活動。深入古代文學、藝術和哲學思想重新反省，以求從中世紀思想僵化的生活型態解脫，人文主義展現出批判精神和自由渴望，而其批判的主要目標正是士林哲學。

　　文藝復興時期人文主義的理想在藉由復興古代文藝與哲學，以求重新肯定人的價值，此時期並不企圖否定傳統的形上學和宗教信仰。但是到了十八世紀的啓蒙運動則發展至肯定理性萬能，理性等同於人性，把理性的功能推展到人類的全部經驗，至於形上的本質、宗教的超越性等，則成爲與理性沒有關連的無知與迷信，不再是屬於哲學問題。[1]

　　實驗科學對士林哲學的挑戰，則是因科學的迅速發展，導致舊有的哲學體系無法解釋新科學研究成果所產生的種種問題，士林哲學所依循的實在論傳統繼唯名論的衝擊後，又面臨另一波嚴厲的

---

1 參見李震（1991）。《基本哲學探討》。臺北：輔大出版社。

考驗。近代自然科學的研究發展和持觀念論立場的笛卡兒（Rene Descartes,1596-1650）哲學系統有密不可分的關聯，再加上理性哲學與經驗哲學互相競爭自身理論之有效性的激烈論戰，也使得士林哲學喪失原本扮演的角色。[2]自笛卡兒對知識論的問題全面性地作系統化探討之後，開啓了近代哲學在知識論上的鑽研與發展，這個走向一直至康德（Immanuel Kant, 1724-1804 ）批判哲學的發展達到了高峰。士林哲學實在論的基本信念是，知識是對於對象的理解，這與觀念論基本信念知識是對於對象的創造相互對立。實在論主張世間確實存在著事物，真理是由人心理解外在事物而產生，而觀念論肯定確實有事物及真理存在，然存於人心中。若單從認識論的角度切入，則牽涉的根本問題是哲學立場選擇，但由於近代哲學與科學的發展密不可分，而科學的發展對社會產生立即的巨大改變，使原本僅是哲學立場選擇問題，演變成對科學發展解釋能力強弱的問題，哲學能否提供方法解決科學問題，成爲理論是否成功發展的判準。實在論解釋科學進展較爲間接，而觀念論能直接提供科學理論系統的解釋。這是士林哲學在近代發展遇到困難的最重要內在原因。[3]

因而在十九世紀有許多天主教思想家提出復興中古傳統士林哲學精神，重新採用中世思想特別是多瑪斯所發展的神學與哲學綜合，作爲士林哲學重新面對新哲學問題發展的基礎，此即爲新士林哲學。新士林哲學的特色在試圖爲信仰的真理建立理性的基石，肯定從知識到本體的通路，要以知識論來建立形上學。一八七九年教宗良十三（Leo XIII）頒布「永恆聖父」（Aeterni Patris）的通諭，聲明多瑪斯主義的永恆價值，希望天主教哲學家能從中吸取靈感，同時也發展

2　參見拙著《思考的軌跡》第一章與第二章第一與第二節。
3　Ibid.

它使其滿足現代的需求。而所稱的多瑪斯主義復興，不只是對多瑪斯思想的復古，同時也要求對於中世哲學重新進行理解與詮釋。**4**

　　新士林哲學運動展現的特色在於不與過時的物理學及被棄置的科學假設牽連，而探討具備發展前景，有助於現代人面對複雜的哲學問題。**5**

　　新士林哲學的重要思想家在當代又以法籍多瑪斯學者馬里旦（Jacques Maritain, 1882-1973）最具代表性。**6**馬里旦的思想發展背景是在十九世紀後半，當時西方世界普遍籠罩在科學主義及唯物實證的理論之中。在法國尤其以孔德（Auguste Lomte, 1798-1857）的學說最爲盛行。孔氏主張人類歷史進化乃分成三個階段：神學神話時代、形上學時代及實證時代。在實證的時代，人們不再需要宗教，也不需要哲學，實證的時代是一個只需要科學的時代。而科學的根基是現象，換言之，唯有透過感官接觸到的才是眞實的標準，這也正是「實證」的意義之所在。

　　而馬里旦的哲學其實就是多瑪斯的哲學的發展，因爲馬里旦本人並沒有創造出一個哲學體系，他一生都力圖徹底遵循多瑪斯的哲學，闡述馬里旦實際就是闡述多瑪斯哲學。馬里旦一生著作甚豐，他的思想影響當代士林哲學發展甚鉅，在政治哲學方面更有著普遍的影響力，因此在這對他幾個基本觀點略做陳述。

　　馬里旦之所以信奉多瑪斯的哲學，首先是因爲，無論在科學領域或在哲學體系中，多瑪斯都能夠提出精確的論斷以及嚴格的論證，這些論證以及與這些論證伴隨的準確區別與界定，對所必須認識的實在

4　Ibid.
5　參見Copleston F.：A History of Philosophy, Vol. VII, P.538.
6　同註2。

（real）作了完備的探討。馬里旦認為，多瑪斯哲學並不僅僅是那個世紀的哲學，它具有真理的價值，對歷史上所有時代都適用。為了使多瑪斯哲學適用於我們這個時代，馬里旦對其做了某些修改，從而被人們稱為「新多瑪斯主義者」，而馬里旦否認這種稱呼，強調他並不是把過去的東西硬塞進現代的時光中，只是想在現在的時光中維持一種永恆的現實。從馬里旦著作中可以很清楚地看出，在這個時代多瑪斯哲學的旺盛的生命力。[7]

環顧整個哲學史，各種體系之間永無休止地互相對立，每一個哲學體系的創造者，起初皆從某種直覺出發，以這種直覺異常深刻地觀察到實在的某個面向；由於他們對自己所觀察到的皆十分執著以至於忽略了其他方面。他們用某一點去解釋一切，企圖把一切都歸結到這一點，並從這一點出發來創造他們的哲學體系，這就不可避免地導致它們對實在的其他方面一無所知，並由此陷入謬誤之中，而各種體系也就依各自所抓住的那一點，互相攻訐不休。與這些哲學體系相反，多瑪斯哲學從未墮入到這種對體系的熱衷追求之中，也正因為這樣，多瑪斯哲學才成為真正的哲學，它從不斷言自己洞察秋毫，也不企圖去解釋一切，它力求徹底地、全面地認識實在的所有各種不同的方面。尤其重要的是，面對著變化無窮，需要人們不斷去揭示其新方面的實在，多瑪斯哲學始終具有一定的開放性，這種哲學上的開放性，正是真正的科學所必須具備的條件，而這種開放性是由對實在整體性的關懷而得。多瑪斯哲學的這些特徵，使他的哲學具有一種普遍的凝聚力，這種凝聚力正是士林哲學融合力量的來源，依循這個力量能夠從各種互相對立的體系中吸取所有不完全而又互為補充的真諦，並由

---

7 Ibid.

此向我們表明，這些眞諦並不是互相抵觸的。而且，從「實在是完整」的這一觀點來看，它們彼此間是可以協調一致的。

唯物主義看到了人的物質的實在，卻沒有看到人的精神上的實在；而唯心論只察覺到了知覺的精神特徵，卻忽視了人物質上的實在。至於柏拉圖和笛卡兒的二元論，雖然把握住了人既有物質面與精神面，但卻不知人作爲實體的一致性，而僅將人視作物質與精神的組合。

多瑪斯承認人既是物質的，也是精神的，同時更是一個實體的統一體，精神的靈魂是賦予人以生命與肉體的本源。總而言之，多瑪斯的哲學隨時準備接受、融會貫通任何眞理，而不論這些眞理來自哪一位思想家的學說。正是由於多瑪斯的哲學具有這種接納一切眞理的包容力，令人深刻感受，使得多瑪斯哲學成爲教會的哲學。

馬里旦一向把多瑪斯視爲生活上和思想上的導師，因此在從事研究工作時，一向注意融會貫通一切眞理，力求從當代思想中尋找一切眞實的思想成果。馬里旦樂意也盡力去理解並接受自己所處的時代的思想，儘管他認爲當代思想所發現的眞理都是支離破碎的，唯有多瑪斯的哲學能完整地發現眞理。所以馬里旦曾說到：運用多瑪斯的思想，運用多瑪斯主義的原則，去容納、拯救人類探索努力中一切積極的、有生命力的成果。在這裏我們可清楚查覺馬里旦所秉持的原則和他的使命。此外，馬里旦在闡釋多瑪斯的思想中，閃爍著強烈的普遍主義的傾向，這種傾向以溫和、仁慈的方式推動天主教思想，去盡力尋求協調而不是對立；去蒐集散落在各種學說中的眞理的碎片，而不是去屏棄、背離它們；去拯救和容納這些學說，而不是徹底推翻；去創建而不是否定。馬里旦之所以這樣做，是因爲信仰眞理的緣故，在他看來眞理與存在同樣具有普遍性，因此這位多瑪斯的信徒把一切眞理都收容到自己的學說中，並在自己的學說範圍內予以闡明把多瑪斯

的智慧之光照射到當代精神生活中，這是馬里旦自負的使命，這個態度不僅僅在哲學中，同時也在藝術，在宗教的領域中展現：凡是研究馬里旦的人都知道馬里旦本人非常熱愛藝術與詩歌，他總想把多瑪斯的思想的光芒投射到藝術與詩歌的現實中，而且文學與詩歌的研究一直是馬里旦的著作中一個非常重要的部分；而馬里旦對於基督宗教以外的其他宗教的態度，仍然是其一貫的普遍主義的信念：運用教會推行的最活躍、最純潔的精神方式，從各種文化和歷史形態中吸取一切真與善。

如前所述，多瑪斯繼承了亞里斯多德的學說並且加以發揚光大。關於這點，馬里旦在《哲學概論》（*An Introduction to philosophy*）中寫道：「亞里斯多德成功地完成了柏拉圖力求完成而未能完成的偉大的綜合研究；作為一名永遠清醒的實在論者，亞里斯多德善於適應存在所具有的千變萬化的要求，並使之納入自己的思想，從來不做絲毫的曲解。」不過，在亞里斯多德的學說中有一個嚴重的缺陷，那就是他既沒有發現創世的概念，也沒有發現靈魂不滅和人的宗教價值。為此，馬里旦指出多瑪斯不僅成功地彌補和校正了亞里斯多德的錯誤和困惑，而且在許多方面都比亞里斯多德觀察地更為深遠。

作為一名多瑪斯主義者，馬里旦一生始終極為重視研究自然哲學，一九三五年出版的《自然哲學》確定了自然哲學與實驗科學相對應的地位。他認為結合現代科學及其成果以「振興自然哲學」，是當代多瑪斯哲學不可缺少的組成部分。他還說多瑪斯哲學在我們這個時代所肩負的最基本的使命，就是發展一門真正的自然哲學，多瑪斯哲學目前正因自身的某種缺陷而受到困擾，這種缺陷就是，它一直未能振興一門自然哲學。馬里旦強調：自然哲學必須保持獨立於實驗科學，二者不能混淆在一起，但是，這門自然哲學又必須對實驗科學的

成果瞭若指掌，並且重視這些成果，吸收這些成果。雖然馬里旦對現代科學的重要性有深切的洞察，只可惜馬里旦一直未能騰出足夠的時間來徹底完成這項工作，不過，馬里旦一直反覆思考著這個問題，在他的一系列著作中，有許多段落，都或多或少地對這個問題作過論述。

通觀馬里旦的哲學著作，我們認為馬里旦首先是一位認識論者，他一向強調認識先於行為，因為認識標著人類內心世界的完善，只有具備了認識能力，人類才變得崇高偉大。此外，馬里旦對於現代思想所提出的一系列要求給予了特別的關注。由於現代思想對於認識問題糾纏不休，並且把認識問題作為它的理論基礎，因此馬里旦有必要向人表明，多瑪斯的哲學是能夠圓滿的，而且比現代哲學更完美地解答認識問題。馬里旦希望挽救被現代哲學引入岐途的思想界人士，為他們提供絕對理念，為此首先必須證明，我們的認識能力可以獲得這樣的絕對理念。他在有關認識論的著作中闡述了兩大主題，第一是認識本質的問題，即：認識本身究竟是什麼。第二是正確區分各種不同類型的認識，並且了解它們各自的特徵。

任何一位偉大的哲學家都必然是形上學家。馬里旦除了是一名認識論者外，當然也是一位傑出的形上學家。他確信，人類的智慧可以獲得所謂對第三種抽象程度的確切與客觀的認識，這第三種抽象程度就是形上學的抽象程度，馬里旦對這個問題一向十分重視，在馬里旦的所有著作中隨處可見屬於形上學範疇的論述。不過，在《知識的等級》一書中，馬里旦專闢了一個章節，準確地判定了形上學的認識所應有的地位及其定義。馬里旦認為，人類的智慧完全有能力認識上帝，他是以多瑪斯的「五路」為開端，並由此證明上帝的存在。值得一提的是，馬里旦進一步提出了所謂第六條道路，在《上帝與科學》

（God and Science）[8]這篇文章中，馬里且稱讚多瑪斯的五路是關於上帝存在的論證中最具代表性的古典例證。同時也說，應該有非常多的方法來認識上帝，他所提出的「第六路」只不過是其中之一而已，上主的無限、廣大、永恆絕不會限制人如何去認識上主。多瑪斯的五路是由經驗出發，因為因果律及不矛盾律的保證，先確認了上帝的屬性，進而肯定了上帝的存在，而馬里且的第六路方式則稍有不同，第六路雖然依舊是從經驗出發，但卻並非理知的，而是一種直觀的方式。在〈第六路〉一文中，馬里且試著從兩個層次來作為認知上主的進路，其一是前哲學的層次（pre-philosophical）；其二是哲學的層次（philosophical）。其前哲學的層次，先是以類似笛卡兒「Cogito ergo sum」的懷疑開始，在不能懷疑自身之存在的前提下，「有」又不能從「無」而來，所以自身必然從上主而來，此與經驗界的有限性及偶有性不同。哲學層次則是以人兼具精神性及物質性的矛盾出發，尋求上帝的統合與解決，這也算是擺脫了多瑪斯的模式，就一位多瑪斯主義者而言，第六路的提出應該算是很有意義與價值的。

除了是認識論者、形上學者外，我們還可以說馬里且是社會政治思想家、神學家，同時也是教會作家，在哲學領域中，倫理學的問題是馬里且一直傾注心血研究，由此擴展到實際生活的層次，使得馬里且也十分深切地關注社會與政治領域，《人與共同幸福》一書便表述了他在這個領域內核心思想[9]。

馬里且選擇了多瑪斯的哲學為自己畢生信奉的哲學，當然他會將這基督教哲學精神擴展至各個層面、各個領域。無論是認識論，形上學或倫理學，馬里且始終維持一個堅定的立場：從認識論來看，認識

---

8 Ibid.
9 Ibid.

的最終目的就是眞理，而上主乃是最後的、最高的眞理；換言之，人類理智的終極使命是要以上主爲依歸。再從形上學來看，馬里旦多次表明有關上主的哲學認識才是形上學學說的頂峰。至若其倫理學，則更明顯地透露基督教的特色，馬里旦認爲倫理學是一門實踐的哲學，是一門已升華了的哲學，一門從屬於神學的哲學，因爲事實上，我們所依屬的最終狀態，或者說，人類生命的眞實目的，就是一種超自然的目的，這個目的就是我們所面對的上主。

馬里旦認爲從哲學的本質及哲學論證的方式來說，哲學必須建立在經驗與推論的基礎上，從這個角度來看哲學完全獨立於基督教。作爲一名哲學家，多瑪斯從未把他的哲學學說建立在啓示之上，多瑪斯哲學不是啓示也並非信仰，它完全是推理的，在它的結構中，不摻雜一絲一毫的來源於宗教信仰的論據，它所揭示的僅僅是理性的推論；完全是從體驗到的，或者理解到的事實，以及論證中獲得其哲學上的穩定性。馬里旦進一步澄清，所謂基督宗教哲學就是純粹哲學，只是基督宗教哲學的存在與適用的環境之間的關係有其明顯的特徵，這個特徵即：思想家產生思想動力的來源是來自基督宗教教義所產生的動能。因此，馬里旦認爲，這門哲學，一方面與神學以及靜修的睿智有著根本的區別，同時，另一方面，又與它們保持著一定程度的交流。哲學通過與神學及靜修的睿智接觸，以及與教會精神生活的接觸，從中汲取力量，進而使自己保持了獨特的、與眾不同的純潔與普遍性。

因此，馬里旦一向非常注意把基督教哲學與神學區別開來，因爲二者的形式對象（formal object）不同。馬里旦認爲：理性與信仰各有其不同的範疇，因爲理性需要，也希望發現眞實的內部結構，同時，理性也渴望接觸至高無上的智慧，而只有與科學接觸才能達到這一步。另一方面，宗教信仰也可以進入理性的範疇，並爲理性帶來至高的光芒與眞諦，從而使理性在本身的秩序中獲得升華。在多瑪斯思

想與著作中，他把基督教哲學與神學融合，因爲這二者確有不可或缺的聯繫；但是，並不能因此而忽略了基督教哲學與神學之間的區別，馬里旦在這確實地做到了。在掌握馬里旦哲學的基本觀念後，下一節中我將進一步的討論其政治哲學主張作爲基督宗教哲學回應當代問題的典範。

第二節　馬里旦政治哲學的基本問題

馬里旦依循亞里斯多德傳統，主張政治目的在維持人民的共同幸福，幸福不是虛幻，幸福來自人性，是具體的，因爲幸福符合於人的本質，人的本質有其基本尊嚴，符合於本質要求的生活是在道德上有正直與幸福，這樣才會產生出整個社會的美好生活。

當世的人類共同體終究會消失，當世幸福是政治道德的終極目的，但仍僅是與人的終極目標間接相聯。人須依賴於對知識的清楚認識，才能對此有所理解，因此馬里旦的政治哲學與其知識論緊密相連。

人類直接隸屬於上帝，隸屬於上帝的絕對與終極目的，與上帝的隸屬關係超越一切被創造的共同幸福。而在天堂的生活與在現實的政治中共同幸福都具有至上的地位，共同幸福的本質中包含個人的服務精神。社會的目的不是個人的幸福，也不是構成社會每個人的個人幸福的集合，社會的目的是共同體的幸福，是社會整體的幸福，而社會整體的幸福才是人的共同幸福。群體由人們在追求幸福生活中達成一致所組成，本質即包含了要求承認人的基本權利，這是判斷共同體合法存在的依據，具有良好道德共同體本身也因此獲得保障。

一個社會若要保存其眞正的本質，必須尊重超越它本身的東西，價值超越時間，屬於永恆幸福的範疇，不把服從超越價值當做手段，而是體認生命事實上依存於那超越價值。人做爲社會的一員，服從於共同幸福，也就是服從於共同的事，是因爲本質，因爲人做爲共同體成員得到了應得的一切，當整體面臨危險，人有義務犧牲本身的存在，這樣的說法應該是公正的。此世間的共同幸福本身還包含超人類價值，間接關聯到人的最高目的，個人應該以自有的條件投入並服從於社會的共同幸福。但值得注意的是，雖然人是社會的一個組成部分，但人本身及作爲人的特點並未包含在內，人心靈的存在高於社會

的存在。人在成爲天堂的組成部分前先有位格，位格是爲上帝和永恆生命所生。

基督教徒的世俗使命是，爲使聖寵世界的折射在此世界能產生越來越大的效果，使人在此世能夠更好地度過世俗生命，因此基督教應該指導或滲入此世，雖然這不是基督教會的基本目標，只能是不可缺少的第二個目的，不是爲要將此世變成上帝的天國，而是身爲基督徒應該意識到自己的使命，使命要求人努力建立一個新的世俗世界秩序，因此馬里旦提出要創建一門包括社會、政治和經濟的哲學，這個哲學不僅在普遍原則上也能在具體世界中有所創建。現世幸福要尊重並服務於超越目的，因它是現世共同幸福的基本[10]。

一、關於國家

政治與社會本質上先是人的領域，是屬於倫理與道德領域，而不只是技術領域。政治學是倫理學的一個特殊分支，專門討論國家、社會、人的幸福問題，所以國家、社會和人的幸福本質也就是人的幸福，必須先與人類存在的目的相關，任何惡劣手段皆不能容忍其存在。

國家是政治實體中的一個組成部分，特定目的是維護法律，促

---

10 馬里旦關於政治與社會哲學的主要作品有：《人類共同幸福》（*The Person and the Common Good*）；《現代社會與自由》（*Freedom in the Modern World*）；《整全人文主義》（*Integral Humanism*）；《論政治正義》（*On Political Justice*）；《人權與自然法》（*The right of man and natural law*）；《基督教與民主》（*Christianity and democracy*）；《人道主義政治原則》（*Principles of political humanism*）；《人與國家》（*Man and state*）；與《挑戰與更新》（*Change and renew*），本文主要參考其在《挑戰與更新》一書中的主要觀點。

進共同繁榮和公共秩序，以及管理公眾事務。個人沒有任何理由要擁護國家，國家卻要擁護個人，國家行使的職能是服務於政治實體。因此，國家擁有之最高權力是被授予的，並不是因爲國家本身有這樣的權力，更不是出自於國家本身的利益，而是必須依照共同幸福的需求而來，依此論點就可避免國家的極權統治之出現，國家不僅滿足於從政治角度監督共同幸福，而且國家還直接組織、領導與管理政治團體的一切生活型態。

政治的目的是謀求大多數人之共同利益，絕不是那些少數享有特殊權利者的利益，是使具體的人眞正獲得獨立的方法。政治這種方法符合於文明生活，參政權、經濟權、所有權、公民的道德及精神文化都提供了政治方法保障。政治事業本質上就是一種文明事業。馬里旦回顧亞里斯多德的三種政體[11]，主張政治之人道主義，將三種抽象類型結合成混合制度，馬里旦認爲不能錯誤的把自由當成一種社會與道德的最高法則，這是現代民主原則的嚴重歪曲，如果再把這種錯誤與民主混爲一談，民主這個詞彙所產生的混淆和誤解，將導致失去關注人類共同體的自由理想。

二、關於權利與民主

馬里旦認爲人的價值、自由與權利都從屬於自然神聖的事物的範疇，人不可能單獨存在，社會的形成是根據自然的需要而形成。人是政治動物，需要政治生活，社會有其自身的幸福和事業，與個人幸福

---

11 參見前章所述。

和事業有別。但社會的幸福和事業都應該符合於人的本質，促進人類的發展和進步。

社會的目的就是社會的共同幸福，也是人類全體的幸福生活。社會幸福要求承認人類的基本權利，共同幸福就是權力的基礎，這樣的權利引導社會朝向所有人的幸福。這種權利需要由自由的人所賦予，爲了推動人類的共同體朝向共同幸福，也朝向每一個人的幸福，就必須由某些人居於特殊地位負責推動工作，他們肩負領導責任做出決定，共同體其他成員都必須遵循和服從。

天賦權力的觀念是基督教思想的傳統，是依於人本質的範疇，人類透過理性得以發現這個規定，人的意願應該遵從這個規定，因其符合人類存在並且來自於上帝，是人存在不可少的目的。

人的權利以及人爲法都是依據天賦權利才獲得法律效力，是自然法本身的要求，能將未確定的東西成爲確定。自然法基於永恆法，永恆法是上帝的創造智慧本身，人難以認識，而自然法是與人的本質相關聯的權利，凡基礎在上帝的權利的法律，任何受造物都只能依據其原則行事。

然而人僅願服從人自己的意願和自由，否認其他法律，這是把人的權利建立在狂妄的意圖上，將危害人類的權利，因爲這種主張終將引導人把權力看成神所授與，從而擺脫客觀標準，高倡那拒絕束縛的無限權利。

每一個人都有權利對有關他本人命運的東西做出自己的決定，例如選擇工作、建立家庭或信仰宗教，人擁有生存和生活的權利、追求完善的生命權利、私有財產權與參政權。只有對上帝和眞理，人沒有權力按照自己的願望隨意選擇，而應該選擇一條眞正的道路，並使自己有能力認識這條道路。對國家、對世俗的人類共同體和世俗政權，人有選擇的自由，並爲此承擔風險和後果。

馬里旦認爲在文明國家裡，做爲個人通過自由，自己選擇領導人是完全正常的。通過普遍選舉，每一個成年人都有權對共同體的事物發表意見，並投票選舉人民的代表和國家的領導人，這種普遍選舉具有一種政治和人道的價值，而且是基本的價值。人民有權自己選擇憲法和政府形式，這種權力是政治權利中最基本和最重要的。因此馬里旦十分讚賞美國式的民主並深受其影響[12]。

三、關於教權

馬里旦認爲，對靈魂自由及人類的幸福來說沒有什麼比區分政權與教權更重要，國家在其領域內至高無上，但是國家的領域也有從屬性，必須同樣肯定世俗權利從屬於教權，而以間接方式擁有權利則是教會對世俗權利的擁有方式，這個權力的擁有不爲謀取世俗權利帶來的幸福，而是關係到教權和救世。爲了避免罪惡、保存靈魂幸福與維護教會的自由，教會根據永恆的價值與利益介入世俗事務進行裁判，因爲社會的幸福應該服從於超越的最終目的，而那才是每個人的最終目的。

在教會中，人已經完成了對神生活的參與，人傾向教會這個共同體，教會也讚許個人，對教會來說共同的事就是持久的拯救世人，每一個人都屬於救世計畫，是整體的一部分，而這個共同的事情又同時屬於每個單一個人的個人幸福，是每個人與上帝本身的結合。共同的事需要由社會整體來完成，每個個體都是整體的組成部分，都奉了現

---

12 同註1。

世聖召，爲了共同的事情。在政治領域內，共同的幸福基本上要由人們來承擔責任；教會領域對人而言屬於更深的層次，是人超越時間的聖召，依存聖召的幸福構成了另一個領域，屬於超凡的目的，社會本身以及社會所有的共同事情，都間接地從屬於這個目的。

人做爲基督教會的成員，投身於上帝的事業；做爲塵世國家的成員，投身於世俗生活的事物，是爲政治行爲。教徒的行爲與教會傳教士們有相同的目的性，目的是推動基督教生活與基督教精神，使其深入世俗的社會，特別是深入到實際的社會之中，在這些教會的事業內以基督徒的身分採取行動，並且負著教會賦予的佈道使命。在政治範疇內，以世俗國家成員的身分採取行動，承擔責任和發揮主動性。教會爲在世俗國家中的行動提供精神支持，但無法替代國家支配或啓發行動，國家的行動只能以自己的名義去實現。教會在自身範疇內要求所有教徒團結一致，與政治在其範疇內所產生的多樣性不同。

基督教會與基督信仰不會依附於任何政治形態，馬里旦認爲在人類歷史中，民主程序的出現如福音啓示的出現，但要把民主過程從牽制中解脫。而人類的平等是在於所有的人都具有同樣的特定本質，而不是否認社會的不平等。不平等是典型的社會性質，是因爲社會內部結構的多樣性與生活條件多樣性所造成。生活條件多樣性建立於確定人在本質上平等與一致的信念基礎上。在生活中實際存在的序列與等級，起源於人的本質一致性，特定的不平等是序列和等級必須包含的內容。只要最優越的社會條件對任何人都不是關閉的，所有人都有同樣的機會，根據其所努力及根據條件而獲得個人富裕。

教會有發展屬於自己的法規，及在沒有政治團體干涉之下，自己治理自己的自由，政治團體只負責人的世俗生活，及現世的共同幸福。同一個人既是教會團體的成員，又是政治團體的成員，導致教會與國家的必要合作。這種合作根據不同歷史環境而有各種型態，信仰

的一致性構成了政治一致性的先決條件，雖然現代世界人們可以自稱信仰各種宗教或不信仰宗教，但還是必須承認教會的法人地位，以及教會在宗教領域內治理信徒的精神權威。

基督徒在世俗權利領域內的行動必須首先對自身進行改造，還必須對教權生活進行革新，並對道德生活也進行革新，基督徒的社會革新將是一個神聖的事情，否則，這個革新就不成其為「革新」。基督教徒的世俗權利革新是純潔的，只能採用純潔的手段。由於手段不可避免地與目的相聯，建立一個符合人性並能自律的自由制度，必須採用符合人性的手段。基督徒們若要在俗世革新，消滅現存混亂的狀態，必須在人類世俗權利制度內引進未來秩序所屬的眞理及機制。馬里旦相信，在純屬於世俗的、社會的、政治的問題上，基督教意識的覺醒將導致新政治體制的誕生，這個體制在世俗與政治方面都會有詳盡規範，並且在內部得到基督教義的鼓勵[13]。

從上所述，可以得知馬里旦政治哲學主張政治的目的在於全體人類的共同幸福，政治的目的本質上是具體的人性、是倫理學的，只有這樣才符合事物的本質。共同幸福就是美好的生活，它符合人的本質的要求與基本尊嚴，這個道德生活是正直與幸福的，是整個社會的美好生活。馬里旦政治哲學之終極預設是，塵世的人類共同體終究要滅亡，俗世政治道德的最高目標是在此世的共同幸福，也只是間接地聯繫人的絕對與最終目的。

---

13 Ibid.

結論——基督宗教政治哲學的當代意義

　　士林哲學是眾多受到基督信仰影響的哲學學說中最具有代表性的哲學體系，只要對西方的文明發展稍有涉獵就自然能夠理解，無論贊成還是反對都不可能忽視基督信仰至今對人類文明與科學發展的重大影響。面對當代科學的發展與社會的變遷士林哲學的實在論傳統如何能繼續對人類文明發展作出貢獻？是當代士林哲學研究者不斷面臨的挑戰。因此不但需要繼續傳統由形上學的開啟，乃至知識論求真理，再到倫理學處理道德問題的思考過程，也必須持續重新審視士林哲學命題，力求在當下給予人類社會發展所面臨的挑戰積極回應。

　　源自亞里斯多德學說的士林哲學基本政治哲學觀念在於，主張國家起源於自然，是由人的天性所構成，政治的目的在於追求全體人類的共同幸福，追求人類共同幸福的目的其本質來自具體的人性，而所謂的共同幸福就是美好生活，追求美好生活符合於人的本質要求，同時也符合於人的基本尊嚴，美好生活具有道德正直，個人從美好生活中所獲得的幸福，也是從屬於整個社會的美好生活。在此世的個人幸福必須是所有政治活動的最終目標，而為了追求幸福必須承認社會的實在性。政治活動的目標必須針對著個人幸福，才能讓人感覺社會責任的真實，也因此才能以道德力量將責任加諸個人，這樣社會才會是讓人實現理想的工具。但必須清楚的理解是在俗世的政治道德中，最高的目標在追求此世共同幸福的實現，而此世的共同幸福只能是間接與人的絕對目標相聯。

　　士林哲學之基本政治哲學觀念雖然發展的時間已經十分久遠，但其理論在當代仍然具有極大的參考價值。原因就在於諸如社會實在性問題爭議、個人主義與集體主義在哲學立場上的嚴重對立，以及權力問題等重要政治哲學問題確實可以運用亞里斯多德學說中關於範疇（categories）的理論進行適當的調和，例如：亞氏範疇理論對於自立體（substances）的存在，與關係（relations）真實存在的論述，

使我們理解到正是各式各樣的關係使自立體之間產生聯結。也讓我們認知在社會中真實存在的個人並非完整的存在；社會不只是個人的總合；存在著的真實關係將人們引向共同的目標。

在當代哲學發展中，由於關係範疇理論的深入研究將使士林哲學的功能與價值不可忽視，起自亞里斯多德並廣為中世紀哲學家們所接受的範疇理論，之所以時至今日仍有其影響力的原因正在於「關係」範疇比存有更為根本，關係應當是哲學的分析對象，能夠認識這點將能對士林哲學傳統的當代價值有深刻體認。

範疇原為陳述之意，指陳述存有的各種不同方式，亦為存有的各種不同樣態（Modes）。針對範疇的研究是在存有論進行探究，而在作為研究一切科學最普遍基礎的存有論中之所以針對範疇進行研究，主要是為了了解由眾多事物所構成的世界，這些構成世界的事物其所具有的不同性質與相互間關係究竟為何。尤其是難以理解，非常不易界定，幾乎只能透過性質和關係認識的「自立體」、常為人所否定的「性質」（qualities）和以及僅以特定方式存在於事物之間的「關係」這三大範疇。

一般而言，對於人認識世界的方式是透過基本範疇較無爭議，但對於範疇是否真實存在及範疇的數量，則不同學說主張之間存在著重大的歧見，吾人當知在建立理論時，處理範疇問題的方式將直接牽涉到終極關懷問題與社會最基本的架構。這正是我在探討生命倫理問題以及與其隸屬的政治哲學問題時，視為不可忽視的最根本問題。那些主張事物與事物之間沒有實際關係的哲學系統，與認為只有關係才是真實的，主張事物是關係的聚合，性質是關係表現的哲學系統，都起自於對範疇概念的不同界定，最終呈現出對問題截然不同的處理。

從分析人類的行為開始，我們可以發現行為必定有其目的，關係影響著進行行為的判斷，因此哲學研究必須把關係當做分析的對象而

不僅是預設關係存在，更不能轉而尋求建基於關係之上的溝通或知識
興趣，作爲基礎分析對象。人類的生存關係優於其他，生存關係一發
生改變，其他都將隨之改變。而人的所有行動都有其目的，關係影響
行動的判斷，行動也包含特定的關係，人通過行動獲得欲望滿足，欲
望包含了興趣與知識，這些都在關係之中。

　　社會事實上存在著不同的關係，是因爲關係的複雜使得社會的結
構和利益複雜。人的所有活動起初是爲了滿足基本需要，而活動又會
使人不斷產生新的需要，爲了滿足需要因此發展出不同的關係，需要
又會發生改變，而關係也會跟著改變。人在社會中通過各種形式的交
換，使個人的特殊性通過關係而具有普遍性，關係隨著不同的對象與
目的有不同的形式，關係涵蓋互爲主體的狀態，包括了客觀條件、主
觀要素與改變的意義。

　　任何人類行爲都是一種關係的活動，了解人的行爲只能由人與自
然、人與他人之間的關係下手，理解人即理解其與某種對象的關係。

　　人通過活動處理各種關係，不與任何對象發生關係的主張不是現
實的，關係範疇具體指出人的存在。沒有純粹的活動，一切的活動都
在關係中進行，活動也必須在關係中才可眞正獲得理解。[1]

　　但即便如此也無法洞悉內在結構，因此，眞正需要的是進行關於
權力的分析，然而在權力的分析中可以發現關係比權力更爲根本，不
同的關係會改變權力，產生不同的權力關係，只有在不同的關係條件
才能說明權力的不同形式，也才能經由關係改變而改變權力，進而改
變應用權力產生的結果。

　　唯有在區別不同的關係下，才可能對權力進行分析，認識到不同

1　相關討論可參見曾慶豹、溫明麗：《現代哲學：理論與批判》主編，臺北：師大書苑
　　務，1999。p289-p298對相關論點有著清楚的描述。

的權力源自於不同相互依賴的關係，人的社會不可能完全擺脫權力的這個事實，並不表示權力與權力之間不會有差別，通過批判並不能取消權力，但可以通過其改變關係使權力也產生變化。因此思考生命倫理時也必須進行權力分析，而這個分析則建基於對關係的正確理解，沒有深入探究關係的權力分析是極其困難的，因為權力本身將變成不可理解。

　　由於權力的分析本質上就是關係的分析，而權力分析對於生命倫理的研究至為重要，因為大多的生命倫理問題都起自對問題的詮釋，即是誰為問題的答案賦予意義。在此可以探討的是權力要素、權利問題和正義問題的內部關係，而且更加深入的反省誰擁有權利，特別在全球化和市場化的社會裡。不但不能從權力中分離權利問題，而且更應該深入追問誰是權利擁有者？究竟是人民？統治者？市場支配者？還是市場本身？而權利顯然的建立在權力之上，而我們對道德、知性、傳統、輿論與市場這些權力來源的探索與認知，足以使人們能夠在市場導向的社會中得到公平分配與平權的保證嗎？[2]換言之必須持續進行對權力擁有者合法性問題的探究才能回答這些相關的權力問題。[3]尤其不可迴避自十八和十九世紀開始發展的市民社會，今日已發展成一個不受國家或任何階級控制的充分資本主義社會所產生的各種問題。資本擁有不可否認的力量，使資本能夠積累發展的市場更是必須認真看待的一種力量。在資本主義社會中，個體通過自由交易極大化自身利益、擁有資本和生產工具。消費者享受完全的自由去選擇為他們生產的商品。市場支配國家政策、控制人們的生活型態，並超

2　Tran Van Doan and Huang Ing-Huei: "Who has the right?" Paper presented at the International Conference on German Philosophy and Its impact on Social Science, Vietnam, Hanoi (2004, Dec)

3　Ibid.

越國家疆界，在經過市場化之社會中雖然人們的快樂與希望是眞實的，但卻是經由人爲的操控與刺激之後所生產發展，消費者的欲望和需求是被創造出的。市場機能在一個具有生產力的社會中，市場形成了不可思議的力量，超越限制延伸勢力範圍，市場相對獨立於國家，因爲政府無論其組成形式爲何都存在著分權的事實，因此沒有政府有足夠權利和權力介入打壓市場。市場保持多面向與多功能的運行，是所有經濟活動的媒介；市場也不被空間和時間限制的抽象因素，是透過活動才能被抽象地看見與完成。市場成了人類活動的目標和工具，它刺激新活動、幫助形成新組織、新機構，也許包括新階級。它改變了人類社會的結構和人類行爲。更重要的是市場延伸了其力量超越純經濟活動，深入地滲透進其他領域。沒有遇到阻力的道德價值快速變遷成市場道德，市場進入我們的生活，人被迫去找尋、處理它的道德價值問題，而這些價值通常含有一部分的市場機制。

在市場導向的社會中，市場之所以擁有絕對力量，是因爲它給予大眾最理性的的印象，人們會認爲市場導向的社會其結構是理性建構，這種印象在經過經濟學家以數學模式建立經濟模式之後，市場結構的理性和穩定的信念在大眾心中更形牢固。

因此我們看到今天權力已不再存在於統治者手中而是在市場手上，市場比資本更具有權力，它支配了法律而且擁有權力。市場擁有近乎絕對的力量去制定規則，超越康德主張的客觀判準，與功利主義以行動判定的主張，所有的對與錯最終只取決於市場。但是我們要問市場眞的擁有支配人類命運的眞正權力？其合法性的基礎究竟在哪？市場擁有超越任何團體的操控權力的主張並非全然屬實，一方面我們可以清楚的看到，事實上市場仍取決於國家而非市場決定國家形式。而過去作爲主人的資本家仍然隱身於他們所發明的市場之中，灌注力量取得地位，只是由他們所發明的市場機能，使資本主義在不斷產生

變動的世界中不但沒有崩解反而成長。我們應當合理的質疑關於市場的論調，懷疑現在擁有權者眞的有權支配我們的生活？同時也持續懷疑與討論，我們眞如自己所認爲是自己的主人？而只有在經過權力的本質分析之後的生命倫理問題探究，才會呈現生命倫理問題在今日世界中的眞實面貌。

　　由於本書的主要工作在於進行士林哲學基本命題與政治哲學主張的說明，因此對於生命倫理問題在此不再進行更深入的探究，僅指出政治哲學對生命倫理研究之重要性。

　　今日俗世政治在冷戰結束後，資本主義席捲全球，出現了過往所未曾見過的巨變局勢，新的科技造成了許多新問題衝擊著人類文明社會的發展，當代士林哲學的最重要任務似乎就在如何使人正確認識所有的新問題都會是傳統爭議的再發展，那些持續產生困擾無法解決的難題，大都是因爲欠缺從形上思考到回應現實世界的智慧所導致，處身於受基督宗教文明影響甚深的全球社會中，能否有此理解，將對個人能否立身處世有著深刻的影響。

參考資料

一、英文專書

Aristotole, translated by Terence Irwin (1999). *Nicomachean Ethics. 2nd Ed.* USA: Hackett Publishing Co.

Aristotole, (1988 cambridge Texts in history of Political Thought). *The politics.* Great Britain:Cambridge University.

Aquinas, Thomas, translated by Fathers of the English Dominican Province (1911). *Summa Theologica.* NY: Benziger Brothers.

Aquinas, Thomas, translated by Rowan J. P. (1954). *Commentary on Metaphysics of Aristotle.* USA: Library of Living Catholic Thought.

Augustine, translated by Dods M. (1993). *The City of God.* USA: Modern Library edition.

Augustine, translated by Henry Chadwick (1998 Oxford World's Classics) *Confessions.* Great Britain: Oxford University.

Bochenski, J. M. (1954). *Philosophy: An Introduction.* NY: Harper & Row.

Bochenski, J. M. (1968). *The Methods of Contemporary Thought.* NY: Harper & Row.

Gilson E. ,Downes A. H. C. Translated (1936), *The Spirit of Medieval Philosophy.* NY: Charles Scribner's Sons

Cotter, A. C. (1909). *ABC of Scholastic Philosophy.* Massachusetts: The Weston College Press.

Copleston, F. (1976). *A History of Philosophy.* London: The Search Press.

Copleston, F. (1976). *Contemporary Philosophy.* NY: Newman Press.

Goodin, R. & Pettit, P. (1995). *A Companion to Contemporary Political Philosophy.* USA: Blackwell Ltd.

Hannah, A . edited by Baehr, Peter. (2000). *The Portable Hannah Arendt.* NY: Penguin Group

Kant, I. (1961). translated by Norman K. S. *Critique of Pure Reason.* London: Macmillan

Ltd.

Magill, F. (1961). *World Philosophy*. NJ USA: Salem Press

Maritain, J. (1959). *Degrees of Knowledge*, USA: Berne Convention.

Maritain, J. (1968). edited by Evans J. W. and. Ward L. R. *Challenges and Renewals*, USA: University of Notre Dame Press.

Maritain, J. (1952). *The Range of Reason*. NY: Charles Scribner's Sons.

Popper, K. (1945). *The Open Society and its Enemies*. London: Routledge & Kegan Paul

Popper, K. (1992). *In Search of A Better World.* NY: Routledge.

Popper, K. (1992). *Unended Quest.* Great Britain: T. J. Press.

Popper, K. (1997). *The lesson of this Century.* Great Britain: Routledge.

Russell B. (1961). History of Western Philosophy. Boston: UNWIN PAPERBACKS

Strauss, L. (1959). *What is Political Philosophy.* Chicago: Chicago University Press.

Tran Van Doan and Huang Ing-Huei. "Who has the right?" Paper presented at the International Conference on German Philosophy and Its impact on Social Science, Vietnam, Hanoi. 2004, Dec.

二、中文專書

李震（1991）。《基本哲學探討》。臺北：輔大出版社。

陳文團（1988）。《政治與道德》。臺北：臺灣書店。

梁瑞祥著（1998）。《思考的軌跡～論馬里旦知識等級說的融合問題》。臺北：中華徵信。

曾仰如著（1985）。《倫理哲學》。臺北：商務。

曾慶豹、溫明麗：《現代哲學：理論與批判》主編，臺北：師大書苑務，1999。

Aquinas Thomas著，孫振青譯（1991）。《亞里斯多德形上學註》。臺北：國立編譯館。

Aristotle著，苗力田、徐開來譯（2001）。《倫理學》。臺北：知書房。

Aristotle著，苗力田、李秋零譯（2001）。《形而上學》。臺北：知書房。

Aristotle著，顏一、秦典華譯（2001）。《政治學》。臺北：知書房。

Bochenski, J. M.著,王弘五譯(2001)。《哲學淺談》。臺北:御書房。

Maritain, J.著,趙雅博譯(1973)。《知識的等級》。臺北:正中書局。

Verlag Herder K.G. and Freiburg i.Br.編,項退結編譯(1988)。《西洋哲學辭典》
　　　Philosophisches Worterbuch.。臺北:華香園出版社。

三、網路資料

Encyclopedia Britannica Ultimate Reference Suite 2010

Longman Dictionary of Contemporary English Online

國家圖書館出版品預行編目資料

政治哲學、基督宗教與現代生活／梁瑞祥著.
－－初版.－－臺北市：五南, 2011.01
　面；　公分
ISBN 978-957-11-6088-7（平裝）

1.政治思想　2.士林哲學　3.宗教與政治

570.1　　　　　　　　　　99016306

1BZH

政治哲學、基督宗教與現代生活

作　　者－梁瑞祥（229.5）

發 行 人－楊榮川

總 編 輯－龐君豪

主　　編－盧宜穗

責任編輯－陳姿穎　吳如惠

出 版 者－五南圖書出版股份有限公司

地　　址：106台北市大安區和平東路二段339號4樓

電　　話：(02)2705-5066　　傳　　真：(02)2706-6100

網　　址：http://www.wunan.com.tw

電子郵件：wunan@wunan.com.tw

劃撥帳號：01068953

戶　　名：五南圖書出版股份有限公司

台中市駐區辦公室/台中市中區中山路6號

電　　話：(04)2223-0891　　傳　　真：(04)2223-3549

高雄市駐區辦公室/高雄市新興區中山一路290號

電　　話：(07)2358-702　　傳　　真：(07)2350-236

法律顧問　元貞聯合法律事務所　張澤平律師

出版日期　2011年1月初版一刷

定　　價　新臺幣320元

※版權所有·欲利用本書內容，必須徵求本公司同意※